Birgit Schilling

Unvollkommen wertvoll

Warum meine Schwäche sein darf

Birgit Schilling

UNVOLLKOMMEN WERTVOLL

WARUM MEINE SCHWÄCHE SEIN DARF

Edition
AufAtmen

SCM
R.Brockhaus

SCM

Stiftung Christliche Medien

SCM R.Brockhaus ist ein Imprint der SCM Verlagsgruppe, die zur Stiftung Christliche Medien gehört, einer gemeinnützigen Stiftung, die sich für die Förderung und Verbreitung christlicher Bücher, Zeitschriften, Filme und Musik einsetzt.

MIX
Papier aus verantwortungsvollen Quellen
FSC® C014496

2. Auflage 2022

Max-Eyth-Str. 41 · 71088 Holzgerlingen
Internet: www.scm-brockhaus.de; E-Mail: info@scm-brockhaus.de

Lektorat: Silke Gabrisch, Stuttgart
Autorenfoto: © Maria Schilling
Umschlaggestaltung: Stephan Schulze, Stuttgart
Titelbild: Raghavendra Saralaya, unsplash
Satz: typoscript GmbH, Walddorfhäslach
Druck und Bindung: GGP Media GmbH, Pößneck
Gedruckt in Deutschland
ISBN 978-3-417-26939-0 · Bestell-Nr. 226.939

INHALT

EIN REISEFÜHRER – VORWORT VON ULI EGGERS

Neue Texte von Birgit Schilling lese ich immer mit Interesse und Erwartung. Der Grund dafür ist klar: Birgit ist ständig unterwegs zu neuem Land. Sie ist immer aktiv auf ihrer lebenslangen Entdeckungsreise, Glaube und Leben tiefer zu verstehen. Und sie ist zugleich gern Reiseführerin, will ihre Entdeckungen teilen, ihre Begeisterung für Neues, ihre Freude daran. Und ich meine hier nicht ihre Vorliebe für das Pilgern oder ihre weltweite Reiselust auf den Spuren ihrer Kinder oder geistlicher Inspiration. Ich meine ihre Entdeckungsreise zu sich selbst und zu Gott – Wege, die einem nicht einfach zufallen, sondern die man sich bahnen muss. Reisen, die man nicht buchen kann, sondern sich oft mühsam erkämpft.

Ich lese Birgits Texte gern, weil sie reales Leben atmen – ihre Entdeckungsreisen führen selten in den Staub der großen Bibliotheken, sondern meistens in den Dschungel des Alltags. Dabei ist sie immer mit sich selbst und anderen im Dialog – und mit Gott, der in ihrem Leben ein so starker Kraft- und Ruhepol ist. Aber auch Geheimnis und Rätsel, heilig fern und naher Freund, das große Gegenüber ihres Lebens.

Birgit spürt man immer ab, ob sie gerade bergauf lebt – oder bergab. Ob es im Moment Wüstenstrecken oder erklommene Gipfel sind, die hinter ihr liegen. Sie ist oft mittendrin in irgendwas, das sie bewegt und beschäftigt – oder auch mal quält und infrage stellt. Meistens läuft irgendein innerer Prozess, der sich und sie bewegt zu neuen Gedanken und Einsichten. Der am Ende zum Startplatz wird für neue Fragen – und manchmal ganz neuen Einsichten und

Gedankenwelten, an denen sie mit Begeisterung und Leidenschaft Anteil gibt.

Und so sehe ich sie denn bildhaft vor mir, mitten im Dschungel der Gedanken und Empfindungen. Mit der Machete in der Hand, leidenschaftlich, unruhig, ungeduldig, sehnsüchtig, erschöpft, glücklich – eine Kämpferin, die sich tieferes Verstehen und neue Erfahrungen erobert. Und das zieht mich an. Denn wie sie bin ich überzeugt, dass sich das gute Leben nicht einfach so ereignet, sondern dass man nach ihm suchen muss, darum ringen und sich Wege erkämpfen. So soll das Leben sein.

Und zugleich weiß Birgit, dass Kampf und Leidenschaft und Vorwärtsdrang eben längst nicht alles ist. Sondern dass wir als Menschen auch Ruhepunkte finden müssen, einen Frieden und Ausgleich, den die Bibel mit dem großen Wort »Shalom« bezeichnet. Dass wir – egal, wie wir als Persönlichkeit gestrickt und geworden sind – mitten in allem Unterwegssein Geborgenheit brauchen, ein Zuhause – den Platz, wo wir sein dürfen. Einfach nur sein – ohne Leistung und Kampf. Da sein, wo wir gerade sind. Wir selbst sein, wie wir es gerade in all unserer Widersprüchlichkeit empfinden.

In dieses Thema hinein zielt dieses Buch und vereint auf diese Weise Birgit Schillings Weg und Ziel: im Einklang mit meinem Ich leben. Mich selbst immer besser verstehen lernen. Mich Gott immer vorbehaltloser hinhalten. Ihm nahekommen und in seinem Geheimnis Geborgenheit finden. Frieden … Der dann wieder Sprungbrett werden kann für neues Unterwegssein und Werden. Nicht zwanghaft, sondern aus Entdeckerfreude und wachsendem Vertrauen. Aus Neugierde auf gelingendes Leben, gute Beziehungen und bleibenden Segen. Im Einklang leben mit sich und Gott. Sein dürfen im Werden. Das gute Leben.

Hier hat Birgit eine besondere Geschichte. Eine Prägung, sich das Leben erleisten zu müssen, sich Liebe und Anerkennung zu verdienen bei Menschen und Gott – und nicht zuletzt bei sich selbst, bei den inneren Stimmen, die Forderungen stellen. Manchem Müssen, von dem man sich befreien möchte – und das ja in jedem Leben ganz anders aussehen kann. Wie auch immer Ihr persönlicher Weg und Ihre Prägung aussieht: Sie werden Nutzen ziehen aus diesem Buch!

Menschen in diesem Entdeckungs-Modus sind ein Glücksfall für einen Verleger, wenn sie, wie Birgit Schilling, anderen Anteil geben wollen an ihren Reisen. Die Bibel spricht davon, dass Eisen Eisen schärft (Sprüche 27,17). Dass wir wachsen und reifen können durch das Zeugnis und die Erfahrung, die Wegführungen und Hindernisse anderer. Dass wir uns identifizieren und auf gute Weise vergleichen und messen können an anderen. Die Bereitschaft zur Transparenz und das Austauschen von Wissen und Erfahrung wird so zu dem, wozu uns der Apostel Paulus in Römer 12,1 auffordert: unsere Leiber als lebendige Opfer zu geben. Damit ist nicht nur körperlicher Einsatz gemeint, sondern auch das Opfer, meine – oft schmerzlich errungenen – Erfahrungen in Offenheit zu teilen.

So verstehe ich das Schreiben: als ein Anteilgeben an dem Segen, den man unterwegs erfahren hat. Als Ermutigungs-Schatz der »Wolke von Zeugen« (Hebräer 12,1), die mit und vor uns mit Jesus unterwegs sind oder waren. In diesem Sinne ist Birgit eine »arbeitende Werkstatt«, die mich anzieht und mit Freude und Respekt erfüllt. Denn das ist etwas von dem guten Leben, das wir alle suchen, wenn jemand versöhnt und mit Dank aber auch mit Ambition für Veränderung und Wandlung unterwegs ist. Solch ein Leben hat Verbindungs- und Gemeinschafts-Potenzial – weil wir alle mit unseren je eigenen Wunden und Blessuren und Persönlichkeitslöchern auf der Reise sind.

Ich bin überzeugt, dass Birgit im Unterwegs-Modus bleibt – es ist noch so viel Lebens- und Glaubens-Dschungel übrig. So viele

Bereiche des Lebens, in die ich mit wachsendem Alter, anderen Lebensumständen, neuen Impulsen tiefer eindringen kann. In denen ich das Geheimnis meines eigenen Wesens entschlüssele und Gottes Geheimnis berühre, ihm näherkomme und neues, tieferes Vertrauen entwickele. Danke für diesen Reisebericht!

Ulrich Eggers
Verleger und Geschäftsführer SCM Verlagsgruppe

EINFÜHRUNG

Das Mutigste, was wir in unserem Leben tun können, liegt nicht in etwas, was wir tun können, sondern darin, dass wir uns selbst so annehmen, wie wir wirklich sind. Der Pater und Autor Henri Nouwen bemerkte einmal, dass das tiefste Dilemma der Menschen ihre schier grenzenlose Fähigkeit zur Selbstablehnung sei.[1] Gott beruft uns dazu, ihm mit unserem ganzen Dasein, unserer ganzen Person nachzufolgen. Er nennt uns seine Söhne und Töchter. Er liebt uns als »Komplettpaket«.

All das weiß ich. Ich bin seit vielen Jahren mit Gott unterwegs. Ich habe seine Liebe und seinen Zuspruch erlebt. Und doch hätte der Titel dieses Buches zu den meisten Zeiten meines Lebens ein reflexartiges »Aber« in mir ausgelöst.

Ja, ich bin unvollkommen, *aber* auf dem Weg der Besserung. Ich arbeite an mir und strenge mich an, vollkommener zu werden!

Ja, ich bin wertvoll, *aber* andere Menschen werden besonders durch meine Existenz bereichert, wenn ich Leistung bringe und an meinen Schwächen arbeite!

Doch in den letzten fünf Jahren hat sich einiges in meinem Inneren verschoben. In diesem Buch beschreibe ich meine existenziellen Lebens- und Glaubenserfahrungen der letzten Jahre. Die Prozesse, von denen ich erzähle, nennen manche »Läuterung«, andere »Heiligung« oder »Verwandlung« oder »Ganzwerdung« und wieder andere »Menschwerdung«, je nachdem, aus welcher Tradition sie kommen. Immer wieder geht es darum, das loszulassen, ja, sterben zu lassen, was ich von Gott her gar nicht bin, was seinem Wirken und Leben in mir entgegenwirkt. Und stattdessen verbunden mit Gott zu leben, wie die Rebe am Weinstock. Das ist nicht nur ein

»theologisches Konstrukt«, sondern darf gelebte Alltagswirklichkeit werden.

Ich habe auf ganz neue und viel tiefere Art erlebt, dass Gott mir dabei geholfen hat, zu mir zu finden und – immer mehr – einfach Birgit zu sein. Ich fühle mich – endlich – im Einklang mit mir, authentisch, so wie ich wirklich bin. Und das schließt ein, dass ich gelassener damit lebe, dass ich auch ein Geheimnis bin und bleibe, so wie Gott (auch) ein Geheimnis ist. Heute weiß ich, dass meine tiefste Identität die der Tochter Gottes ist und dass ich nur von dort her mein »So-Sein« als Birgit neugierig entdecken und leben kann und darf.

Inspiriert haben mich auf diesem Weg besonders das Evangelium von Jesus und die Erfahrungen der »Mystiker«. Das waren und sind Männer und Frauen, bei denen nicht die gedachte, sondern die gelebte Dimension des Glaubens im Vordergrund steht.[2] Sie lassen sich existenziell auf die persönliche Beziehung zu dem verborgenen und doch gegenwärtigen dreieinigen Gott ein. Jesus hat uns das vorgelebt: diese tiefe Verbundenheit mit dem Vater im Heiligen Geist und dem Leben in seiner Gegenwart, von Moment zu Moment. In den Schriften der Mystiker habe ich mich immer wieder tief verstanden gefühlt.

Im Laufe der Prozesse, von denen ich in den folgenden Kapiteln berichten werde, hat es mich zutiefst ergriffen: Ich bin unvollkommen wertvoll – ohne Wenn und Aber. Ich darf lebendig sein – mit Stärken und mit Schwächen, mit Gaben und Grenzen, mit Macken und Kanten. Ich darf authentisch sein, einzigartig, Birgit. Das lässt mein Herz aufatmen und laut jubeln.

Ich möchte dich einladen, mit mir auf Entdeckungsreise zu gehen und dich auf manchen neuen Prozess und manche neue Sichtweise einzulassen. Die Impulsfragen im Text können dich dabei unterstützen. Noch intensiver wird es, wenn du dich mit anderen zusammen aufmachst. Das gemeinsame Erarbeiten und Lernen geht so viel tiefer, als wenn man es allein macht. Deshalb gibt es ein paralleles Kleingruppenmaterial, das in zehn Einheiten die Inhalte dieses Buches aufgreift und für eine Gruppe erlebbar macht.

So oder so: Einen großen Gewinn wirst du haben, wenn du das Buch langsam liest und dabei immer wieder zu deinem eigenen Herzen hinspürst. Achte auf die Resonanz. Was regt sich in ihm? Alles, was sich zeigt, ist kostbar. Komme von dem Standpunkt aus mit Gott ins Gespräch, wo du tatsächlich gerade bist – nicht von da, wo du deiner Meinung nach sein solltest. Ich bin überzeugt: Je mehr wir uns an Gott wenden, während wir in unserem wirklichen Leben verankert sind, umso vitaler und lebendiger wird unsere Begegnung mit ihm sein. Und umso tiefer werden wir begreifen, dass wir unvollkommen wertvoll sind.

Kapitel 1

MEIN DILEMMA

In diesem Kapitel berichte ich, wie mir mein Zustand der Überforderung und meine Herzensabgründe bewusst wurden. Ich beschreibe mein Erschrecken über mein Lebensmotto: »Stark sein und leisten müssen« und erste Schritte in unbekanntes, neues Land.

Vor ungefähr fünf Jahren wurde mir schmerzlich bewusst, dass ich trotz jahrzehntelanger Jesus-Nachfolge immer noch getrieben und häufig gestresst lebte. Immer wieder war alles »zu viel«. Wann war genug wirklich genug? Ich wusste es oft nicht und folgte daher innerlich öfter der Stimme: »Ach, das schaffst du noch! Stell dich nicht so an!« Zeitgleich gab es in meinem privaten Umfeld und in der Gemeindeleitung besondere Herausforderungen, die mich über lange Zeit enorm forderten.

Immer häufiger musste ich SOS-Gebete loswerden: »Herr, hilf mir! Ich schaffe es nicht.« Und Gott erhörte meine Gebete und half. Ich erlebte die Führung und Kraft Gottes in dem, was eigentlich zu viel für mich war. Und das über Monate. Doch das bemerkte ich damals nicht. Ich bekam nicht mit, wie es mir in der Tiefe wirklich ging.

In diesem Zustand machte ich mich zu einer Kurswoche für werdende geistliche Begleiter und Begleiterinnen im Haus der Stille auf. Am ersten Abend sollten wir mit Mosaiksteinen in verschiedenen Farben unser aktuelles Ergehen darstellen. Ich wählte Orange, Rot, Gelb ... Denn ich erlebte ja Freude und Kraft – inmitten der Herausforderungen! Da war viel Segen!

Am nächsten Morgen wurde es stiller in mir und dann fing ich an zu weinen und hörte zwei Tage nicht mehr damit auf. Die Tränen liefen unaufhörlich. Ich stand wie neben mir und dachte: »Was ist denn nur los? Warum weine ich?« Ich konnte es nicht sagen, sondern bemerkte nur: Ich weinte immer weiter. Da saß ich beim Mittagessen und spürte tiefen Trost darüber, dass jemand für mich gekocht hatte und mir diente – und meine Wangen wurden feucht. Ich setzte mich auf die Schaukel im Garten des Stillehauses und wollte nur noch dasitzen und nichts tun, während weiter die Tränen liefen. Beim Beten des Herzensgebets spürte ich tiefen Trost darüber, dass ich »nur so dasaß und nichts tat« und Jesus mich anrührte.

Ich konnte mein Erleben zunächst nicht einordnen, weil ich zwar weinte und doch gleichzeitig in meinem Inneren Wohlsein spürte. »Wie passt denn das zusammen?«, fragte ich mich. Dass ich ein kompliziertes Wesen bin, weiß ich schon lange. Und Seelenvorgänge zu verstehen, gehört eigentlich mit zu meinem Beruf als Beraterin und Supervisorin. Doch meine eigenen Regungen konnte ich nicht deuten. Während eines Spaziergangs kamen mir Worte von Psalm 23 in den Sinn: »Er erquicket meine Seele.« Und da wusste ich plötzlich: »Genau das ist es, was ich erlebe. Meine Seele wird gerade erquickt. Ich werde lebendig in Tiefen, die sich erst in der Stille zeigen, nicht im Alltag. Jesus spricht mir liebevoll

Worte in meine ermattete Seele hinein. Ja, nun verstehe ich es: Ich bin ermattet! Ich bin völlig fertig! Oder … bilde ich mir das nur ein? Ist es gar nicht so schlimm?«

Doch die Signale meines Körpers waren eindeutig – die Tränen, die unaufhörlich liefen. Die bildete ich mir nicht ein. Ich dachte an Worte von Johannes vom Kreuz: Gottes Sprache ist seine Wirkung in der Seele.[4]

Wie gut war es, hier im Haus der Stille einen Ort zu haben, wo ich mir erlaubte, ehrlich zu sein und auch meine Schwäche und Bedürftigkeit zuzulassen. Und so bat ich um ein Gespräch mit der Kursleiterin. Diese hörte mir zu und sagte: »Birgit, du hast über lange Zeit viel gegeben. Du hast Kraft gelassen, viel Leid gehört, und das sitzt dir in den Knochen. Nun darfst du loslassen und es zulassen, selbst erquickt zu werden.«

Nichts mehr zu holen

Am nächsten Morgen absolvierte ich wie alle anderen Kursteilnehmenden auch eine halbe Stunde Mithilfe in Haus und Hof. Diesmal war es meine Aufgabe, das Laub um einen römischen Brunnen herum aufzukehren. Das tat ich für einige Minuten, dann zog mich der Brunnen in seinen Bann. Ich hörte auf zu kehren, hielt inne und schaute auf das übersprudelnde Wasser, das vom oberen Becken ins nächsttiefere floss. Dann traf mich unvermittelt die Botschaft: Bei diesem Brunnen floss nur das ins nächste Becken, was übersprudelte. Das obere Becken aber blieb gefüllt, weil es ebenfalls einen Zufluss hatte: Es empfing Wasser und gab Wasser ab und blieb gefüllt. Es war ein Empfangen und ein Abgeben, ein Empfangen und ein Abgeben. Wenn das obere Becken nur halb voll oder gar leer wäre, würde nichts weiterfließen.

Und dann traf mich die Erkenntnis: Ich selbst fühlte mich derzeit so, als wäre mir durch ein Abflussrohr jedwedes Wasser, jede Lebendigkeit entzogen. Mein Wasserbecken war ja völlig leer und ausgetrocknet! Gleichzeitig erinnerte ich mich an eine Frage, die mir meine Gebetspartnerin vor Kurzem gestellt hatte: »Birgit, möchtest du nicht mal ein Sabbatjahr machen?«

Einige Leute unseres Gemeindeleitungsteams hatten schon Sabbatjahre oder -halbjahre hinter sich bzw. waren gerade mittendrin. Ich hatte andere immer ermutigt, das zu tun! Denn ich wusste, wie gut ihnen eine solche Auszeit tun würde. Es gehört zu den Werten unserer Gemeinde, dass lieber Aufgaben brachliegen, als dass sich Mitarbeitende im Dienst für Gemeinde und Jesus verausgaben und einen Burn-out erleiden. Aber ein Sabbatjahr für mich? »Nein, ich brauche das nicht«, hatte ich ihr geantwortet. »Mir geht es gut!«

In den nächsten Stunden verfolgte mich diese Frage: Sollte ich vielleicht doch eine Sabbatzeit nehmen? War das, was ich gerade erlebte, vielleicht Gottes Führung? Wollte er mich liebevoll darauf hinweisen?

Doch immer wieder schien allein der Gedanke daran eine Zumutung zu sein. Warum? Weil er sich für mich nach Faulsein anfühlte, danach, mir etwas nehmen zu wollen, was mir nicht zustand, nach großer Unzulänglichkeit, einem Eingeständnis von Schwäche, Egoismus. Zwar dachte ich noch öfter darüber nach, aber immer wieder stand am Ende der Entschluss: »Nein, ich mache kein Sabbatjahr! Ich ruhe mich jetzt hier aus und dann geht es schon wieder! Stell dich nicht so an! Denk doch daran, was du am Eingangstag erzählt hast: wie du erlebst, dass Gott dich zu seiner Ehre gebraucht, und wie sehr du darüber staunst! Bleibe dabei und nicht bei dieser blöden Schwäche!«

In dieser Nacht träumte ich, dass ich in einem Supermarkt einkaufen gehen wollte. Als ich den Laden betrat, wunderte ich mich, dass die Regale völlig leer geräumt waren. Hier war nichts mehr zu holen. Nur vor der Kasse stand noch ein kleiner Korb mit edler Schokolade. Ein Verkäufer kam auf mich zu und meinte: »Wir schließen jetzt gleich.«

Nachdenklich wachte ich auf. Die Botschaft dieses Traums schien so klar zu sein: Bei mir war nichts mehr zu holen und ich sollte meinen Laden für einige Zeit schließen.

Nun gehörte es zu dem Kursgeschehen, dass wir immer wieder Übungsrunden in geistlicher Begleitung miteinander durchführten. Eine begleitete die andere in Anliegen, für die sie Klärung und Gottes Führung brauchte, in der Erwartung, dass der Heilige Geist uns dabei leiten und Einsichten schenken würde. Es kostete mich große Überwindung, meine Frage als Thema einzubringen. Auch wenn ich eigentlich Gottes Willen für mein Leben erkennen und ihm folgen möchte, fällt es mir im konkreten Fall jedes Mal sehr schwer, die Kontrolle darüber, wie sich etwas entwickelt, aus der Hand zu geben. Doch nach der kurzen Übungseinheit spürte ich in meinem Herzen plötzlich eine große Klarheit: Ja, ich würde in eine Sabbatzeit gehen. Das war der Weg, den Gott mich führte. Vor allem Dienst und vor aller Aktion musste ich mein inneres Leben mit Christus schützen! Ich wollte wieder von innen her sprudeln für Jesus, als Birgit, in meinem Sein.

Ich würde für ein halbes oder ganzes Jahr die Gemeindearbeit ruhen lassen und meine berufliche Tätigkeit auf die Hälfte reduzieren. Ich würde alles, was ich ohne Schaden für andere absagen konnte, absagen. Einmal die Woche würde ich mitten in der Woche einen Sabbatzeit-Tag haben. Und dieser Tag hätte nur eine Überschrift: nichts müssen! Keine Pläne. Kein Zweck. Kein Ziel. Einfach sein. Unverzweckt.

Gott gab dem Volk Israel das Sabbatgebot als Wohltat für die Menschen. Damals war es eine Revolution, einen Tag in der Woche nicht arbeiten zu müssen. Selbst Sklaven, die damals keine Rechte hatten, sollten am Sabbat frei haben und »nichts müssen« (2. Mose 20,8-11). Gott selbst hatte in der Schöpfungsgeschichte (1. Mose 1-2) am Sabbat nach sechs Schöpfungstagen geruht. Der Mensch, der am sechsten Tag geschaffen wurde, begann sein Leben nicht mit Arbeit, sondern mit diesem »Nichts müssen«-Tag: dem Sabbat. Und das, obwohl er keine sechs Arbeitstage hinter sich hatte. Es scheint, als wolle Gott uns Menschen damit sagen: »Die Grundlage eures Lebens ist Gnade und Geschenk, nicht euer Verdienst. Lebt aus dieser unverdienten Gnade und nicht aus eurer Leistung!«

Der Mensch, der am sechsten Tag geschaffen wurde, begann sein Leben nicht mit Arbeit, sondern mit diesem »Nichts müssen«-Tag: dem Sabbat.

Im Leistungsentzug

Mit diesem Entschluss fuhr ich nach Hause und teilte ihn umgehend meinen Leuten im Leitungsteam mit. Zwei Monate später, nach Weihnachten, würde mein Sabbatzeit beginnen.

Während ich in den nächsten Wochen alles regelte, wechselten sich Vorfreude und Ängste ab oder waren sogar gleichzeitig da. Ich fühlte mich unsicher. Das freudige »Ja, mach das! Das ist gut! Wir unterstützen dich!« meiner Mitgeschwister in der Gemeinde erfreute mich einerseits, andererseits stutzte ich darüber, dass keiner sagte: »Du, meinst du wirklich? Ob wir das ohne dich hier alles schaffen?«

In der Vorweihnachtszeit traf sich ein Projektchor. Wir sangen einfache mehrstimmige Weihnachtslieder, alte und neue. Das Singen ließ mich aufleben und jedes Mal ging ich beschwingt nach

Hause. Schon als Vierjährige hatte ich mit meinem Bruder auf der Stockbettleiter gesessen und zweistimmig Lieder gesungen. Es waren Zeiten gewesen, in denen mein Vater, langjähriger Chorleiter seiner Gemeinde, ganz präsent gewesen war. Musik war immer Teil meines Lebens gewesen, doch später war dafür kein Raum mehr.

An unserem letzten Chorabend überkam mich die unglaubliche Idee: Ich nehme in meiner Sabbatzeit wieder Klavierunterricht. Einfach so für mich! Der Chorleiter, auch Klavierlehrer, sagte zu. Eine wunderbare Fügung.

Mit Weihnachten begann meine Sabbatzeit mit drei völlig arbeitsfreien Wochen. Nachdem die Kinder und Schwiegerkinder wieder abgefahren waren, fiel es mir unendlich schwer, keine Projekte zu haben, die meinem Leben Struktur gaben. Oft konnte ich mit der vielen Freizeit nicht umgehen. Und manchmal fiel ich in ein tiefes Loch und fühlte mich innerlich verloren. An einem Tag war ich so verzweifelt, dass ich alle Gardinen abhängte, wusch und wieder aufhängte.

Im neuen Jahr besuchte ich wie immer die Gottesdienste meiner Gemeinde. Ich merkte, dass alles gut weiterging: Predigten, die Gottesdienstleitung, die Programme in der Woche. Sollte ich nicht doch wenigstens im Segnungsdienst während der Gottesdienste mitbeten? Aber warum wollte ich da überhaupt mitmachen? Was trieb mich an?

Ich fühlte mich wie im Entzug: im Leistungsentzug und im Bestätigungsentzug durch andere. Keiner lobte mich mehr für eine gelungene Predigt oder bedankte sich für meine seelsorgerliche Hilfe.

Ich nahm diese verzweifelten Herzensregungen in mir wahr. Dann atmete ich ein und atmete aus. Ich gründete mich im Hier und Jetzt in Jesus und versuchte das zu tun, was ich bei den Glaubensvätern und -müttern in meiner Weiterbildung gerade lernte: nüchtern wahrnehmen, was wirklich ist. Und was war die nüchterne Sichtweise? Ich hatte über eine lange Zeit viel gegeben und mich eingesetzt. Und nun tat ich nichts. Dieser Wechsel fiel mir schwer. Und ich hatte für meinen hohen Einsatz von den Beteiligten und der Gemeinde viel Bestätigung erhalten. Ich war ja so wichtig gewesen! Und nun, wo dies wegfiel, wurde mir schmerzlich bewusst, dass ich aus dem Gebrauchtwerden meine Lebensberechtigung gezogen hatte. Und die fiel nun weg. Das fühlte sich scheußlich an. Und doch: Zeigten nicht gerade diese inneren Regungen der Verzweiflung, wie wichtig diese Sabbatzeit war und werden würde? Denn Gottes Ziel für mich war ja die Freiheit und nicht das Abhängigsein von meinem Tun und meiner Wirkung auf andere.

Und so nahm ich während der Gottesdienste, in denen ich keine Aufgabe mehr hatte, mein Herz wahr. Und spürte dort Sorge und Angst, nicht mehr zu genügen. Wenn ich das merkte, stand ich auf und ging während der Lobpreiszeit zu den Leuten, die für diejenigen beteten, die es »nötig« hatten. Denn nun war ich es, die es nötig hatte. Und andere durften das sehen. Ich war eine Bedürftige, die Hilfe und Gebet brauchte. Ich sagte dem Segnenden: »Ich bin in meiner Sabbatzeit. Ich fühle mich wie in einem Leistungsentzug. Das Nichtstun fällt mir so schwer. Hier im Gottesdienst nichts beizutragen, fühlt sich ätzend an.« Wenn ich mich demütig dazustellte, fielen das Gebet und die Segnungsworte tief in mein bedürftiges Herz und richteten mich auf.

Ich erinnerte mich daran, dass Jesus die Worte: »Kommt her zu mir, alle, die ihr mühselig und beladen seid; ich will euch erquicken« (Matthäus 11,28) auf dem Marktplatz ausgesprochen hatte, wo jeder sehen konnte, wer denn da bedürftig zu diesem Jesus ging. Das waren schon damals keine Worte für das stille Kämmerlein gewesen, auch wenn ich mir das immer so vorgestellt hatte.

Ganz wunderbar und ganz schwierig gestalteten sich meine Sabbatzeit-Tage unter der Woche: die Dienstage. An diesen Tagen stand nur eines in meinem Kalender: nichts tun. Auch besondere Hausarbeit wollte ich an diesem Tag nicht erledigen. Ich, die ich immer genau vorausplante, also eher zwanghaft-diszipliniert bin, wollte aushalten und lernen, einfach mal »da zu sein«, auch wenn sich das für mich wie Faulsein anfühlte.

Eine Ausnahme machte ich, und das war der 14-tägige Klavierunterricht. Wie schön war es, wieder zu musizieren! Doch auch das war nicht so einfach, wie ich es mir vorgestellt hatte. Da saß ich nun: eine 56-jährige Frau wie eine kleine Klavierschülerin unsicher vor sich hinklimpernd. Mein Klavierlehrer war sehr kompetent, einfühlsam und legte gar keinen Wert auf Leistung. Ich aber schon! Ich wollte richtig spielen, wollte es gut machen!

Und dann kamen seine Kommentare: »Birgit, hör auf, richtig spielen zu wollen! Leg mehr Gefühl in die Musik! Lass die Hände spielen und versuch nicht, das zu kontrollieren!« An schlechten Tagen bekam ich die Krise. Hatte ich das nötig? Warum tat ich mir das an?

An guten Tagen hörte ich die Kommentare, stöhnte innerlich oder äußerlich und versuchte, der Aufforderung nachzugehen. Und dann spürte ich plötzlich große innere Freude und Lebendigkeit, während meine Finger eine kleine Melodie spielten, die sie sich just in diesem Moment ausgedacht hatten. Ich genoss es und blieb so lange in der Freude … bis ich es wieder von außen beurteilte: »Das ist doch kindisch! Was soll denn das? Andere spielen viel besser als du.«

Wohin sonst zog mich mein Herz und die innere Lebendigkeit? Zum Stricken. Als Jugendliche und junge Erwachsene hatte ich mit Begeisterung gestrickt. Das lag nun 35 Jahre zurück. Schon immer hatte mich Wolle angelacht. Doch ich hatte mir gesagt: »Die Wolle ist so teuer wie eine neue Jacke. Das ist Zeit- und Kraftverschwendung – wozu stricken?« Doch an einem Dienstag wagte ich es: Ich radelte zu einem Strickladen meines Kölner Viertels und … blieb zwei Stunden dort. Ich setzte mich zu einigen Frauen, die auch dort strickten, blätterte in Strickzeitschriften, entschied mich für ein Modell und suchte mir Wolle für eine Jacke aus.

Auf der Heimfahrt bemerkte ich, wie fröhlich ich war. Es war dort einfach schön gewesen! Die nächsten Wochen über radelte ich immer mal wieder an meinen Sabbattagen dorthin. Der Ort wurde für mich zu einem »Nichts müssen«-Ort. Mehrmals trennte ich große Teile der Jacke wieder auf, Fehler hatten sich eingeschlichen. Dabei schnitt ich in die Wolle und musste flicken. Dennoch: Die Jacke wurde wunderschön und ich spürte Freude und Stolz.

In Jesus zu mir finden

Durch die viele freie Zeit kamen Themen und Wunden von früher wieder an die Oberfläche. Eine Schicht nach der nächsten. Wie gut war es in dieser Zeit, geistlich begleitet zu werden. Hier hatte ich den Raum, alle innere Not und Verzweiflung auszusprechen. Hier erlebte ich den Zuspruch und Trost Gottes in meine bedürftige Seele hinein.

In diesem Jahr brachen viele meiner Konzepte und Überzeugungen von geistlichem Wachstum zusammen: die Idee der stetigen Aufwärtsentwicklung, die Überzeugung, irgendwann schmerzliche Lebensthemen abgearbeitet und hinter sich gelassen zu haben. Ich hatte »innere Heilung« so verstanden, dass die Lebenswunden irgendwann bearbeitet und abgeheilt sein würden, sodass ich wieder stark und unabhängig leben und als geistlicher Christ zunehmend von Sieg zu Sieg schreiten würde.

Wie oft fühlte ich mich durch diese Denkweise wie ein absoluter Loser im Glauben. All diese Konzepte hielten meinem Leben nicht stand. Ich ging durch ein dunkles Tal, das jedoch immer wieder von hellem Licht durchflutet wurde: dem lebendigen, befreienden Licht des Evangeliums von Jesus und dem frischen Wind des Heiligen Geistes.

Ja, es ist möglich, jahrzehntelang diesem Jesus nachzufolgen und dennoch in den Mustern der eigenen Kultur verhaftet zu sein (in unserer westlichen Welt ist das die Leistungsgesellschaft) und in der Verblendung über die eigenen sündhaften Muster, der eigenen Egozentrik. Immer wieder ahnte, ja, wusste ich, dass Jesus und die Nachfolge anders sind, als ich jahrzehntelang geglaubt hatte. Und obwohl ich mich seit Jahren in einem intensiven Verwandlungsprozess befand, waren alte, hartnäckige Botschaften noch wirksam in meinem Leben.

Jean Vanier, der Begründer der weltweiten Arche-Bewegung, zu der auch der Autor Henri Nouwen gehörte, schrieb: »In jedem von uns gibt es etwas, das schon leuchtet, (das) schon bekehrt ist. Aber es gibt auch das (in uns), was noch im Dunkeln ist.«[5]

Im kommenden Jahr erlebte ich, dass manches Dunkel erleuchtet wurde, dass »neue Bekehrungen zu Jesus« geschahen und sich mein Leben weiter wandelte. Das bezeugten auch die Menschen, die mir am nächsten standen: Wolfgang, mein Ehemann, meine Freundinnen und Kinder. Ich selbst fühlte mich zunehmend im Einklang mit mir und meinem Wesen und mehr im Frieden und der Verbundenheit mit Gott. Ich bemerkte, wenn ich aus diesem Frieden fiel, und konnte dann die Muster wahrnehmen, die mal wieder die Steuerung meines Lebens übernehmen wollten. Von diesen Mus-

Immer wieder ahnte, ja, wusste ich, dass Jesus und die Nachfolge anders sind, als ich jahrzehntelang geglaubt hatte.

tern handeln die Kapitel vier, sechs und sieben. »In Jesus zu mir finden – unvollkommen wertvoll« ist mein persönliches Lebensthema.

Aus Gnade leben

Als ich vor Kurzem meinem Schwiegersohn Julius die Grundzüge dieses Buches vorstellte, schaute er mich erstaunt an und meinte: »Ja, aber genau das ist doch das Evangelium: dass wir aus Gnade gerettet sind und nicht durch unsere eigene Leistung.« Damit traf er den Nagel auf den Kopf. Das Dilemma, das sich in meiner Sabbatzeit zeigte, griff tief bis in die Grundfeste meines Glaubens und Lebens hinein: Mit allem, was ich war und bin, mit meinen Stärken, Schwächen, Ängsten, Absicherungstendenzen und Sünden, rief mich Gott dazu, mich vertrauensvoll in seine Arme zu werfen und von seiner Gnade her leben zu lernen. Heute. In meinem konkreten, tatsächlichen Leben, wie es wirklich war.

Nun denkst du vielleicht, in diesem Buch würde es darum gehen, wie man eine Sabbatzeit hält. Doch das ist nicht der Punkt – sie war in meinem Fall nur der Auslöser für die Prozesse, die ich hier beschreibe und die auch anders in Gang gesetzt werden können. Ich hoffe, dass deutlich wird, wie persönlich und liebevoll und beharrlich der Geist Gottes mich in die Freiheit und nächsten Wachstumsschritte gelockt und gerufen hat. Er hat mich genau da abgeholt, wo ich war. Und genauso holt er dich da ab, wo du gerade bist, und liebt dich ins Leben und die nächsten Schritte.

IMPULS

Halte einen Moment inne und frage dich:
Was ging mir beim Lesen dieses Kapitels durch den Sinn? An welche Begebenheit aus meinem Leben fühlte ich mich spontan erinnert? Welche Erfahrung hat in mir etwas angerührt? Welche Sehnsucht spüre ich selbst in meinem Herzen? Und wie bin ich jetzt gestimmt?
Werde gewahr, dass du in Gottes Gegenwart bist, und nimm wahr, was du Jesus nun sagen möchtest.

Kapitel 2

WIE GOTT UNS MENSCHEN GEMACHT HAT

In diesem Kapitel versuche ich, das große Bild aufzuzeigen, wie Gott sich unser Menschsein in Verbundenheit mit ihm gedacht hat, was wir daraus gemacht haben und wie die Rückkehr zu Gott aussehen kann.

Wie hat sich Gott unser Menschsein ursprünglich gedacht? Wie sind wir von ihm geschaffen worden? Dazu möchte ich an den Anfang der Bibel, zur Schöpfungsgeschichte, gehen. Dort heißt es: »Und Gott sprach: Lasset uns Menschen machen, ein Bild, das uns gleich sei« (1. Mose 1,26a). Wir alle sind in Gottes Bild geschaffen. *Imago dei* heißt es in der alten geistlichen Literatur auf Latein. Wir sind Gott gleich bzw. ähnlich geschaffen. Das ist unser tiefstes Sein.

Zuvor erschuf Gott den Kosmos, das Meer, den Himmel, die Tiere. Am Ende eines jeden Tages heißt es: »Und Gott sah, dass es gut war.« Doch am Ende des sechsten Tages, als Gott den Menschen als Mann und Frau erschaffen hatte (1. Mose 1,27), steht da: »Und Gott sah an alles, was er gemacht hatte, und siehe, es war sehr gut« (1. Mose 1,31). Wenn in jüdischen Texten »Und siehe« steht, dann bedeutet das so viel wie: »Hey, alle mal herhören, nun kommt eine Überraschung!« Und siehe: Es war *sehr* gut!

Wir sind von Gott sehr gut geschaffen. Das ist die Grundlage unseres Seins. Du, die oder der du dieses Buch liest: Du bist sehr gut geschaffen! Und auch ich, Birgit, die ich es gerade schreibe, bin sehr gut geschaffen. Wir alle sind, wie David es in Psalm 139,14 beschreibt »wunderbar gemacht«.

In der Tiefe unseres Seins trägt jede und jeder von uns den Stempel: sehr gut! Und das meint auch: genau richtig! Du darfst so sein, wie du tatsächlich bist! Welch große Sprengkraft hat diese Aussage!

In 1. Mose 3 wird dann von der großen Umwälzung, dem Sündenfall, erzählt. Adam und Eva blieben nicht in der Verbundenheit mit Gott, sondern wollten die Bestimmer ihres Lebens und selbst autark, stark, wissend und unabhängig sein. Wir alle haben in derselben Weise diesen Sündenfall in unserem Leben erfahren. Wir haben unsere Ebenbildlichkeit Gottes, die Ähnlichkeit mit Gott (*similitudo dei*) verloren. Dazu müssen wir nur an die Begegnungen mit anderen Menschen in den letzten Tagen denken. Wir haben vermutlich nicht immer liebevoll aus der innigen Verbundenheit mit Gott gehandelt, sondern unsere Egozentrik hat immer wieder das Zepter übernommen. Die Bibel ist da ganz nüchtern und ehrlich. »Alle haben gesündigt und in ihrem Leben kommt Gottes Herrlichkeit nicht mehr zum Ausdruck« (Römer 3,23; NGÜ). Doch schon im nächsten Vers geht es weiter: »Und dass sie für gerecht erklärt werden, beruht auf seiner Gnade. Es ist sein freies Geschenk aufgrund der Erlösung durch Jesus Christus.«

Wir alle sind und bleiben Gemischtwarenläden: wunderbar in der Tiefe unseres Seins von Gott geschaffen – »sehr gut« – und doch auch Sünder und von Jesus wieder gerechtfertigt. Martin Luther nennt es: Wir sind Gerechte und Sünder (*simul iustus et peccator*).

Als begrenztes Geschöpf geschaffen

Diese Aussage hätte mich vor zehn Jahren noch sehr frustriert, denn ich verfolgte, ohne mir dessen bewusst zu sein, das Ziel, eine Heilige zu werden und nur noch gerecht und geheiligt durch die Welt zu gehen. Doch das war und ist eine Illusion und nicht Gottes Ziel für mich, zumindest nicht auf dieser Erde.

Inzwischen ist diese Aussage, Gerechte und Sünderin zu sein, für mich eine gute Nachricht. Ich bin darüber nur noch selten frustriert und viel öfter erleichtert. Ich spüre die befreiende Qualität des Evangeliums. Denn es beinhaltet, dass ich alles in mir zulassen darf, was da ist. Ich darf ehrlich und authentisch sein und Gott auch in die verletzten, verborgenen und sündigen Winkel meines Seins einladen, um es von seiner Liebe durchdringen zu lassen. Jean Vanier, den ich weiter oben schon einmal zitiert habe, sagte: »Jeder hat das Recht, fehlerhaft zu sein und finstere Winkel in seinem Inneren zu haben, in denen sich Eifersucht und Hass verbergen. Diese Eifersüchte und Unsicherheiten gehören zu unserer verletzten Natur, zur Wirklichkeit unseres Daseins.«[6]

Gott ist Realist. Er weiß um das Drama unseres Unterwegsseins. Und er begleitet uns liebevoll darin. Er leidet sogar mit uns in unserer Zerrissenheit. Er steht nicht ungeduldig im vermeintlichen Ziel »Endlich geheiligt« und wartet, dass wir dort ankommen, sondern begleitet uns liebevoll auf unserem Weg.

Meine persönliche Tragik war, dass ich Jahrzehntelang als Christin mit einem Selbstbild lebte, das mit 1. Mose 3 begann: Ich bin zuallererst Sünderin und schlecht. Wie oft habe ich tatsächlich gedacht: »Wenn ich mich in Grund und Boden schäme, mich anklage, verdamme und mich so richtig schlecht fühle, dann ist das genau die Haltung, die Gott ehrt und die er in mir sehen will.« Doch heute

Gott ist Realist.

weiß ich, dass das zu hundert Prozent falsch ist. An dieser Ansicht ist nichts Jesusehrendes oder Biblisches dran. Es ist eine Irrlehre.

Wie aber hat Gott uns alle geschaffen? Er hat uns nicht als kleine Halb- oder Ganzgötter gemacht, sondern als begrenzte Geschöpfe, als Menschen eben. Als Wesen, die eigentlich nur in der vertrauensvollen Verbindung mit ihrem Schöpfer sicher und zuversichtlich leben können. In der Abhängigkeit von ihm. In einer lebendigen, freiwilligen, abhängigen Liebesbeziehung.

Gott hat uns auch hilfsbedürftig geschaffen. Schon vor dem Sündenfall heißt es: »Es ist nicht gut, dass der Mensch allein sei; ich will ihm eine Hilfe machen, die ihm entspricht« (1. Mose 2,18; ELB). Das ist nicht nur eine Aussage über die Ehe, sondern auch generell über uns Menschen. Wir sind von Gott so geschaffen, dass wir der Hilfe bedürftig sind. Leider hat Luther das hebräische Wort *ezer* mit »Gehilfin« übersetzt. Da kann uns schnell die Assoziation der Haushaltshilfe in den Sinn kommen. Doch das kann damit nicht gemeint sein, denn *ezer* kommt im Alten Testament ca. 20 Mal vor und wird in den meisten Fällen auf Gott selbst bezogen. So heißt es in Psalm 33,20: Gott allein ist unser »Ezer« – unsere Hilfe! Eine »Hilfe« sein ist daher eine Ehre und drückt Würde, Hilfsvermögen und Fähigkeit aus.

Der Mensch kam also von Anbeginn nicht alleine klar. Er war von Gott gar nicht so ausgestattet. Schon vor dem Sündenfall gehörte es zu Gottes vollkommener Schöpfung, dass der Mensch bedürftig ist. Das ist kein Defekt von uns, sondern von Gott gut so gemacht.

Schon vor dem Sündenfall gehörte es zu Gottes vollkommener Schöpfung, dass der Mensch bedürftig ist.

Hilfsbedürftig und abhängig in der liebevollen Gemeinschaft mit Gott und mit anderen Menschen zu leben – dafür waren die

Menschen geschaffen und genau das wollten Eva und Adam nicht akzeptieren. Von Gott abhängig zu sein, fanden sie schwach. Sie wollten *selbst* machen: selbst wissen, selbst entscheiden, selbst unabhängig sein, aus sich selbst heraus stark sein, sich beweisen. Und so entwickelte sich diese tragische Selbst-Bezogenheit, die wir heute für normal (oder sogar stark) halten und die sich tragischerweise wie unser normales Selbstempfinden anfühlt. In der geistlichen Literatur wird diese Verkrümmung auf uns selbst *curvatio* genannt. Wir sind auf uns selbst ausgerichtet. Erst an dieser Stelle wurde unser wirkliches Elend geboren – nicht in der Unsicherheit und Hilfsbedürftigkeit, sondern im Versuch, diese selbst heilen zu wollen.

Erlöst vom Selbermachen

Und dann … Nach dem Sündenfall begannen Adam und Eva ihre Nacktheit zu sehen – die hatte weder sie noch Gott vorher gestört, denn ihre Abhängigkeit von ihm, ihre Hilfsbedürftigkeit, ihre Unsicherheit, ihre Schwäche und Verwundbarkeit, die war ja sehr gut und störte niemanden. Sie waren schließlich »nur« Menschen und nicht Gott. Das durfte so sein. Im Vertrauen und in der Abhängigkeit von Gott hätten sie gut so weiterleben können.

Doch nun kam ihre Sünde dazu und ihre Wertigkeiten veränderten sich grundlegend. Adam und Eva versteckten sich. Sie blieben nicht authentisch und zeigten sich nicht mehr so, wie sie wirklich waren, mit allem, was zu ihnen gehörte. Sie begannen Teile von sich zu beurteilen und das, was nicht in Ordnung zu sein schien, zu verbergen. Das Starke wurde gezeigt, das Schwache versteckt. Das, was sie an sich mochten, durfte sein, das, was sie nicht mochten, landete in der Verdrängung.

So starteten die Versuche, sich selbst zu heilen – mit Taktiken und Mustern, die an Gott vorbeiliefen und ohne ihn auszukommen versuchten. Doch anstatt ihr unsicheres Leben abzusichern und ihren Zerriss zu heilen, vertieften sie damit ihr Elend noch. Sie verhinderten das, wonach sie strebten – ihr Glück und Wohlsein –, und entfremdeten sich immer mehr von Gott, von sich selbst, von den anderen und von ihrer Umwelt. Sie lebten nicht mehr im kindlichen Vertrauen auf Gott.

Dieser Sündenfall ist in uns allen geschehen. Wir alle versuchen unsere Hilfsbedürftigkeit und Verwundbarkeit an der falschen Stelle abzusichern und zu heilen. Wir erschufen uns neue Ziele, die wir von nun an verfolgten:

- alleine klarzukommen,
- perfekt zu sein,
- heilig sein zu müssen (der Perfektionismus bei uns Frommen),
- alles beurteilen zu müssen (in gut und schlecht, stark und schwach, okay und nicht okay),
- alles zu verstecken, was nicht zum Heilig- oder Perfektsein passt (je nach Vollkommenheitsideal in Gemeinde, Gemeinschaft, Kultur, Firma etc.),
- uns selbst als Menschen und Geschöpfe verstehen zu müssen (was aber nicht funktioniert, denn da wir in Gottes Ebenbild geschaffen sind, sind auch wir Menschen ein Geheimnis, das wir rational nicht ergründen können).

Jesus ist in die Welt gekommen, um uns zu erlösen und uns wieder in die heilvolle Gemeinschaft mit Gott, mit uns selbst, mit den anderen und mit der Schöpfung zu bringen. Er will uns von unserem Schaden heilen. Jesu Einladung ins Leben ist für uns Egozentriker, die wir uns selbst im Griff haben wollen, eine Zumutung. Für unser wahres Selbst jedoch, für die, die wir wirklich sind, ist es befreiende Einladung und Erlösung.

Unser Herz darf es zunehmend erfassen und beten:

Ich bin von dir, Herr Jesus Christus, geliebt.
In meinem So-Sein, so wie ich wirklich bin.
Mit Stärken und mit Schwächen.
Mit Fähigkeiten und Nicht-Fähigkeiten
und Unvollkommenheiten.
Mit gefühlten Behinderungen und Zwiespältigkeiten.
Ein wenig schräg, etwas kauzig, anders als die anderen.
Ich darf so sein.
Ich darf einfach ich selbst sein.
Authentisch ich.
Einzigartig auf dieser Welt.
Meine »Selber machen«-Strategien darf ich wahrnehmen.
Sie sichern mein Leben nicht ab.
Ich darf wieder spüren, wie anstrengend sie sind und wie
sie mir den Zugang zu mir selbst und zu dir blockieren.
Bitte zeige mir meine Blindheit für diese Zusammenhänge.
Ich will sie tapfer anschauen lernen, mit dir, Jesus,
an meiner Seite.
Ich will lernen, auf diese Selbsterlösungstaktiken
zu verzichten und mich dir erneut ganz zu überlassen.
Ich sage Ja dazu, als Mensch unvollkommen
und verwundbar zu sein und mich manchmal
unsicher zu fühlen. Ja!
Du, Herr Jesus Christus, bist für mich am Kreuz gestorben,
um mich wieder mit dem Vater zu versöhnen
(2. Korinther 5,18).

Erlöse du mich, Herr Jesus Christus, von meinen »Selber machen«-Strategien, von meiner Sünde!
Amen.

IMPULS

Wenn du möchtest, halte einen Moment inne und nimm wahr, welche Herzensregungen du spürst, während du dieses Gebet erneut laut und langsam liest. Überlege: Bei welchen Worten und Sätzen kann ich gut mitgehen? Bei welchen Aussagen spüre ich Erleichterung und Freude und wo nehme ich Ärger und Widerstand wahr? Oder sind irgendwie beide Emotionsrichtungen spürbar bzw. wechseln sie sich ab?[7]
Binde das, was du wahrnimmst, in ein ehrliches Gespräch mit Jesus ein.

Das Bild des Eisbergs kann uns helfen, die Vielschichtigkeit unseres Seins zu erahnen.[8] Etwa ein Zehntel ist sichtbar und liegt über der Wasseroberfläche. Neun Zehntel liegen darunter und sind nicht zu sehen. Ich habe den Eindruck, dass die Verteilung bei uns Menschen ähnlich ist. Nur ein kleiner Teil unseres Seins, vielleicht auch ein Zehntel, ist für andere und uns offensichtlich: unser Aussehen, unsere Verhaltenstendenzen, unsere Reaktionen in einer bestimmten Situation.

Doch unter der »Wasseroberfläche« liegen unsere Motive, Antreiber, Lebensgefühle und Haltungen und unser wahres Selbst: Unser von Gott geschenktes Wesen liegt ganz in der Tiefe wie ein Schatz verborgen. Nur wenn wir vorurteilsfrei all unsere Herzensregungen zulassen und wahrnehmen, bekommen wir eine Ahnung davon, wer und wie wir sind. Es bleibt ein Erahnen und wir dürfen darin zur Ruhe finden, dass Gott unser Selbst kennt und liebt. Wir müssen uns nicht hundertprozentig verstehen. Versuchen wir es, ist es, als würden wir einen Reisebericht mit mathematischen Formeln schreiben wollen. Das kann nur schiefgehen. Stattdessen dürfen wir neugierig entdecken, wer wir sind und was zu uns gehört und was auch nicht. Und dann kann es uns manchmal geschenkt werden, dass wir spüren, wie wir authentisch sind, wie wir mit Gott und uns selbst im Einklang sind. Es beglückt uns tief.[9]

Gefangen in der westlichen Kultur

Als Christen leben wir nicht im luftleeren Raum, sondern eingebettet in die und durchdrungen von der Kultur, in der wir leben. Was aber sagt unsere westliche Kultur zum Thema Unvollkommenheit, Verwundbarkeit, Schwäche, Unzulänglichkeiten, Kleinsein und Verletzlichkeit? Sie sagt: »Weg damit! Das wollen wir nicht haben!«

Wir leben in einer Leistungsgesellschaft. Unsere Kultur, gerade auch in Deutschland, vermittelt uns: Du bist das, was du leistest!

Das fängt schon im Kleinkindalter an: Was wird mit einem Strahlen der Eltern belohnt? Wenn wir den ersten Schritt tun, zum ersten Mal Mama oder Papa sagen oder wenn wir es schaffen, die Klötzchen übereinanderzusetzen. So richtig geht es dann in der Schule los, wenn die Noten vergeben werden. Wir erhalten Zeugnisse über unsere Leistungen. Vielleicht haben wir dann eine Vier oder Fünf. Oder auch eine Eins oder Zwei. Diese Erfahrungen formen uns unaufhörlich.

Irgendwann haben wir die Mittlere Reife oder wir schaffen den Abschluss aufgrund der vorhandenen Legasthenie nicht, vielleicht müssen wir die Schule wechseln oder haben unser Abiturzeugnis mit einem Numerus clausus in der Hand, mit dem wir alles studieren können, was wir wollen. Auch das wird uns formen. Es folgen die Bewerbungsverfahren, jährliche Mitarbeitergespräche mit unserem Chef und immer wieder geht es um das eine Thema: unsere Leistung.

Das ist in unserer Gesellschaft so und hat auch seine Berechtigung. Wie könnten wir uns ohne diese Leistungsstandards und ständigen Beurteilungen organisieren? Hier gibt es keine leichten Antworten und je nach politischer Überzeugung halten wir unterschiedliche Wege für sinnvoll. Politiker und wir alle müssen darum ringen, gute Lösungen zu finden, wie unser Zusammenleben geordnet werden kann.

Für unser Thema hier ist jedoch wichtig: Wir alle verinnerlichen in unserer westlichen Welt, dass wir sind, was wir leisten. Wir haben einen »Marktwert«, der steigen oder fallen kann. Das führt dazu, dass wir uns ständig beurteilt fühlen und uns auch selbst und andere unaufhörlich beurteilen, oft ohne dass uns das bewusst ist. Wir meinen, dieses vergleichende Denken sei normal und müsste so sein. Søren Kierkegaard meinte einmal: »Alle Not kommt vom Vergleichen.« Es ist menschlich, dass wir uns vergleichen, doch es ist ein Ausdruck davon, dass wir unseren Wert selbst schaffen wollen, und damit Sünde. Daraus erwächst nichts Gutes: weder für uns selbst noch für unser Miteinander. Das Vergleichen verstärkt Rivalität und Konkurrenz unter uns und nicht Gemeinschaft und Solidarität.

Viele von uns sind von der Nachkriegsgeneration erzogen worden, ob als Kind oder Enkelkind. Womit war diese Generation beschäftigt? Sie musste aufbauen und die Wirtschaft ankurbeln. Leistung war etwas Überlebenswichtiges. Menschen auf der Flucht konnten sich nicht sagen: »Sei nicht so streng mit dir! Erlaube dir Pausen und nimm dich an, wie du bist.« Das wäre töricht gewesen. Nein, in solchen Zeiten ist alles auf das Überleben ausgerichtet. In der Nachkriegszeit war in Teilen Europas alles auf Wiederaufbau und »leisten müssen« ausgerichtet.

Doch wenn eine solche überlebenswichtige Haltung als Verhaltensmuster »einfriert« – und zur Dauerhaltung wird –, schadet es nicht nur dem einzelnen Menschen, sondern auch einer ganzen Gesellschaft.

Viele unserer Eltern und Großeltern waren durch Krieg und Nachkriegszeit traumatisiert. Sie hätten das gebraucht, was man heute Traumatherapie nennt. Traumatische Ereignisse können nicht normal im Gehirn verarbeitet und vergessen werden, sondern bleiben im sogenannten Mandelkern, der Amygdala, hängen. Diese Tatsache führt dazu, dass auch nach zehn oder dreißig Jahren ein belastendes Ereignis dieselbe emotionale Sprengkraft hat, als wäre es eben erst passiert. Dadurch haben viele von uns von unseren Eltern (oder Großeltern) nicht die Zuwendung und emotionale Wärme erhalten, die wir als Kinder eigentlich gebraucht hätten.

Wenn Kinder von ihren Eltern die »Komme, was da wolle«-Liebe erleben, spüren sie tief in sich Wert – einfach in ihrem So-da-Sein.

Emotional gesunde Menschen und Familien können die Tendenzen ausgleichen, die uns von der Leistungsgesellschaft vermittelt werden. Wenn Kinder von ihren Eltern die »Komme, was da wolle«-Liebe erleben, spüren sie tief in sich Wert – einfach in ihrem So-da-Sein. Doch wenn dieser Ausgleich nicht oder nur unzulänglich stattfindet, sind sie dieser Leistungslüge der Gesellschaft ungeschützt ausgesetzt und das Erleben von Schwäche wird als etwas Schreckliches erlebt.

Unsere digitale Welt verstärkt all das noch, indem wir uns immer mehr damit identifizieren, was wir auf Facebook und anderen Plattformen von uns posten können. Wir zeigen uns von unserer idealisierten Seite, in bester Pose, und meinen dadurch unser wirkliches Sein darzustellen. Doch wenn wir auch ganz andere Seiten bei uns entdecken, oder noch schlimmer: wenn andere sie bei uns sehen, spüren wir Scham über uns und verdrängen sie in die Tiefe unseres Eisbergs.

IMPULS

- Welche Rolle spielte Leistung in meiner Ursprungsfamilie? Inwieweit hat mich das als Kind geprägt? Wie geht es mir heute mit dem Thema?
- Wie stehe ich zu mir selbst? Kann ich mich bejahen und zu mir stehen, wie ich bin? Wie würde ich mein Grundgefühl mir selbst gegenüber beschreiben?

Einzigartig und wunderbar gemacht

In Jesaja 43,1 heißt es: »Fürchte dich nicht, denn ich habe dich erlöst; ich habe dich bei deinem Namen gerufen, du bist mein!« Wir sind also von Gott in Liebe geschaffen und mit einem ganz eigenen Namen gerufen, und das heißt für uns: einzigartig, kein zweites Mal da auf dieser Welt. Wie selbstverständlich nehmen wir diese Tatsache etwa für unser Äußeres an – keiner gleicht dem anderen! Doch auch unser Inneres – die verborgene Gestalt – ist einzigartig und von Gott gewollt und geliebt. Sie ist Anlass zum Jubeln! Und: Sie ist Gabe und Aufgabe.

Wir müssen es einüben, uns nicht mehr nach den Maßstäben dieser Welt zu beurteilen (Römer 12,2), die fragen: »Bin ich normal? Darf ich so sein, wie ich bin?«, sondern umzukehren, Buße zu tun und zu beten: »Du, guter Gott, hast mich einzigartig und wunderbar geschaffen (Psalm 139,13-14). Ich nehme mich in Demut an und werde erhobenen Hauptes ich selbst sein – und dich genau damit ehren.«

»Wie könnte der ›wahre‹ Glaube je etwas anderes sein als die liebende Bereitschaft zur Unsicherheit? Es ist das Vertrauen, dass man sich seiner selbst nicht sicher sein muss, um gehalten zu sein«, schreibt Martin Schleske so treffend in seinem Buch »Herztöne«.[10]

Gott hat uns gut geschaffen, wir bleiben auf seine Hilfe angewiesen und dürfen es lernen, zu uns zu stehen und in der Verbundenheit mit Jesus gelassen und mutig zu leben.

Kapitel 3

DER GOTT, DER ALLES AUF DEN KOPF STELLT

In diesem Kapitel möchte ich mit dir eine Entdeckungstour durch die Bibel unternehmen. Wie denkt Gott über die Themen Leistung, wahre Größe und Perfektion? Überhaupt: Was ist Gott wirklich wichtig? Was sind seine Werte?

Nachdem ich erkannt hatte, dass ich bedürftig, aber gut gemacht bin, kamen mir dennoch immer wieder Zweifel. Wie stand Gott jenseits des Schöpfungsberichts zu den Themen Stärke und Schwäche? Was wünschte er sich für uns Menschen? Was waren seine zentralen Werte und Anliegen? Mit diesen Fragen im Hinterkopf machte ich einen Streifzug durch die Bibel. Was sich mir zeigte, schockierte mich in seiner Eindeutigkeit, und mir wurde klar: Wir haben einen Gott, der unsere Wertigkeiten auf den Kopf stellt.

Ich begann im Alten Testament und stieß auf 5. Mose 7,6. Dort erklärt Mose dem Volk Israel, warum es von allen Völkern dieser Erde als Gottes Volk erwählt wurde: »Denn … dich hat der Herr, dein Gott, erwählt zum Volk des Eigentums aus allen Völkern, die auf Erden sind.« Und wie geht es weiter? Warum hat sich Gott gerade für dieses Volk entschieden? Was hat es dafür qualifiziert, für diese Ehre infrage zu kommen? Vielleicht sagt das auch uns etwas darüber, was uns vor Gott auszeichnet. Im nächsten Vers finden wir die Begründung: »Nicht hat euch der Herr angenommen und euch erwählt, weil ihr größer wäret als alle Völker – du bist ja das Kleinste unter allen Völkern –, sondern weil er euch geliebt hat.« Der Grund für die Erwählung des Volkes Israel war Gottes Liebe. Was für eine überraschende Erklärung!

Was können wir daraus lernen? Wenn es eine Qualifikation für die Erwählung durch Gott gibt, dann ist es die, »klein zu sein«. Anscheinend will Gott damit zeigen, dass für ihn Zahlen und Größe und eigene Leistung als Berechtigungsmerkmal eher ein Hindernis als ein Qualitätsmerkmal sind. Und dass es vor allem darauf ankommt, von Gott geliebt zu sein. Das, was zählt, liegt gar nicht im Volk Israel, sondern ist in Gott begründet, in seiner Liebe.

Kleine Anfänge

Einige Jahrhunderte später. Jesus sollte geboren werden – der Heiland der Welt, der Erlöser, König und Messias. Die Weisen aus dem Morgenland machten sich auf den Weg und folgten über Wochen dem Stern. Doch dann … schien er Orientierungsprobleme zu haben, denn er führte sie nicht stracks nach Jerusalem, sondern bog vorher ab. »Hey«, dachten die Weisen, »was soll denn das?« Der neugeborene König der Juden musste auf jeden Fall in der Hauptstadt Jerusalem geboren werden. Das lag doch auf der Hand. Daher entschieden sie sich, einfach ohne den Stern alleine weiterzugehen. Doch in Jerusalem fanden die Weisen nur König Herodes und nicht den neugeborenen König der Juden.

Wo aber war dieser inzwischen geboren worden? Die Antwort finden wir in der Verheißung in Micha 5,1: »Und du, Bethlehem Efrata, die du klein bist unter den Städten in Juda, aus dir soll mir der kommen, der in Israel Herr sei.«

Das einzige Qualitätsmerkmal, das in Bezug auf Bethlehem, den Geburtsort Jesu, beschrieben wird, ist es erneut, »klein« zu sein.

Die ganze Weihnachtsgeschichte drückt eigentlich aus, dass Gott alles auf den Kopf stellt. Sie ist ein Zeugnis der Kleinheit, des Abstiegs, der »Schwäche« in den Augen der Welt: Maria und Josef waren einfache, arme Leute. Jesus wurde nicht in einem Palast, sondern in einem Stall geboren und sein Bett war eine Futterkrippe.

Und dann zeigt sich die Engelschar und verkündet die Wende der Menschheitsgeschichte: »Siehe, ich verkündige euch große Freude, die allem Volk widerfahren wird; denn euch ist heute der Heiland geboren« (Lukas 2,10-11). Die Menschen, die als Erstes von der Frohbotschaft hörten, waren Hirten, die verachtet wurden, da sie Schafe hüteten, die als unrein galten. Auf wessen Seite also scheint Gott zu stehen? Schon in Jesaja 57,15 heißt es: »Denn so spricht der Hohe und Erhabene, der ewig wohnt, dessen Name heilig ist: Ich wohne in der Höhe und im Heiligtum und … bei denen, die zerschlagenen und demütigen Geistes sind.« Auch hier sind die Bedürftigkeit und die Demut, sich das einzugestehen, die einzigen Qualitätsmerkmale.

Was Jesus zu Schwachheit sagt

Was aber sagt Jesus selbst dazu? In Lukas 5,31-32 lesen wir: »Die Gesunden bedürfen des Arztes nicht, sondern die Kranken. Ich bin nicht gekommen, Gerechte zu rufen, sondern Sünder zur Buße.« Jesus ruft die Schwachen und nicht die Starken.

Wenn wir mit diesem Augenmerk die Evangelien durchlesen, werden wir durchweg sehen, dass Jesus sich den Sündern und Schwachen zuwendet, die heilsam von ihm berührt werden. Ganz anders verhält er sich bei den damals Starken, Angesehenen und Frommen, die alles im Griff hatten: den Pharisäern und Schriftgelehrten.[11]

Auch bei den Jüngern Jesu »kam der Gedanke auf, wer von ihnen wohl der Größte sei. Jesus wusste, was in ihren Herzen vorging. Er nahm ein Kind, stellte es neben sich und sagte: ›Wer dieses Kind um meinetwillen aufnimmt, der nimmt mich auf; und wer mich aufnimmt, nimmt den auf, der mich gesandt hat. Wirklich groß ist der, der unter euch allen der Geringste ist‹« (Lukas 9,46-48; NGÜ). Und in Matthäus 23,11 gibt Jesus den Hinweis: »Der Größte unter euch soll euer Diener sein« (NGÜ). Genau das hat Jesus seinen Jüngern vorgelebt. Vor seinem Kreuzestod wusch er ihnen die Füße (Johannes 13), eine Aufgabe, die ansonsten Sklaven verrichteten.

Das Innerste vom Herzen Gottes offenbart Jesus im Gleichnis vom verlorenen Sohn oder besser gesagt: im Gleichnis von den verlorenen Söhnen. Der eine Sohn war verloren, weil er das Vaterhaus verließ und in der Welt sein Erbe verprasste, der andere, weil er zwar brav daheimblieb, doch sein Herz bitter und aufrechnend und nicht voller Liebe und Dankbarkeit war. Jesus sagt also mit dieser Geschichte im Grunde: »Ihr seid alle verloren und braucht den barmherzigen Vater. Das ist so und das darf sein. So dürft ihr und nur so könnt ihr zu eurem Vater im Himmel kommen.«

Dem heimkehrenden jüngeren Sohn begegnet der Vater ohne Erwartung von Stärke oder Leistung, alleine aufgrund seiner Liebe zu ihm, voller Wärme und Annahme. Wie rührt mich das Bild des Vaters an, der unaufhörlich Ausschau nach seinem verlorenen Sohn hält. »Dieser (der Vater) sah ihn schon von Weitem kommen;

voller Mitleid lief er ihm entgegen, fiel ihm um den Hals und küsste ihn« (Lukas 15,20; NGÜ).

Genauso hält der Vater Ausschau nach jedem von uns. Doch diese väterlich-zärtliche Liebe konnte den älteren Sohn nicht erreichen. Dessen Leistungsorientierung (»So viele Jahre diene ich dir jetzt schon ...« – Vers 29; NGÜ) und sein Vergleichen mit dem jüngeren Bruder wurden für ihn zur Isolierschicht, die ihn die Liebe des Vaters nicht erkennen und erfahren ließ.

Und wieder weist Jesus die damals »Starken, Großen, Perfekten« in ihre Schranken und spricht denen Frieden, Heil und Heilung zu, die in die Kategorie »schwach, klein, unvollkommen, unzulänglich« fallen. Immer und immer wieder tut er dies.

In der Bergpredigt stellt uns Jesus das Zentrum seiner Lehre vor. Matthäus gibt sie wieder und auch Lukas greift sie zu großen Teilen auf. Diese Predigt stellt alles auf den Kopf. Nehmen wir die ersten drei Seligpreisungen in den Blick:

> Glücklich sind die, die erkennen, dass sie Gott brauchen, denn ihnen wird das Himmelreich geschenkt. Glücklich sind die, die traurig sind, denn sie werden getröstet werden. Glücklich sind die Freundlichen und Bescheidenen, denn ihnen wird die ganze Erde gehören (Matthäus 5,3-5; NLB).

Die Seligpreisungen gehören zur Kernbotschaft Jesu. Und wer ist aus Jesu Sicht glücklich, *makarios*, was auch übersetzt werden kann mit: »gesegnet«, »zu beglückwünschen«? Wieder sind es die Schwachen, die Gebeutelten, die Elenden, die Armen und alle, die sich ihrer Armut bewusst sind – nicht die, die sich für stark halten.

Am Ende seines Wirkens auf Erden warten Kreuz, Tod und Auferstehung. Die Kreuzestheologie gehört zum Zentrum unseres christlichen Glaubens. Es lohnt sich, vertiefende Literatur darüber zu studieren.[12] Hier möchte ich festhalten: Jesus ist für uns und unsere Schuld am Kreuz gestorben, um uns mit seinem Vater im Himmel zu versöhnen. Das ist nicht in Macht und Stärke, sondern im Erleiden, im Loslassen, in »Schwäche« (aus Sicht der Welt) geschehen.

Und doch wissen wir: Es war der größte Sieg und Triumph auf Erden. Doch das ist nicht direkt für alle offensichtlich. So beschreibt es Paulus, der großartige Theologe im 1. Korintherbrief 1,18.25:

> Ich weiß, wie unsinnig die Botschaft vom Kreuz in den Ohren derer klingt, die verloren gehen. Wir aber, die wir gerettet sind, erkennen in dieser Botschaft die Kraft Gottes. … Der scheinbar absurde Plan Gottes ist immer noch viel weiser als der weiseste Plan der Menschen, und die Schwäche Gottes ist weitaus stärker als die Menschen sind (NLB).

Und wieder stellt Gott meine Vorstellungen vom Leben, auch vom geistlichen Leben, auf den Kopf.

Was uns vor Gott auszeichnet

Sehen wir uns einen weiteren Text von Paulus an. Welche »Qualifikationen« machen uns für Gott brauchbar? Wenn du möchtest, lies diesen Text laut und langsam und nimm währenddessen das Echo in deinem Herzen wahr.

> Erinnert euch, liebe Brüder, dass nur wenige von euch in den Augen der Welt weise oder mächtig oder angesehen waren, als Gott euch berief. Gott hat das auserwählt, was in den Augen der Welt gering ist, um so diejenigen zu beschämen,

die sich selbst für weise halten. Er hat das Schwache erwählt, um das Starke zu erniedrigen. Er hat das erwählt, was von der Welt verachtet und gering geschätzt wird, und es eingesetzt, um das zunichtezumachen, was in der Welt wichtig ist, damit kein Mensch sich je vor Gott rühmen kann. Gott allein hat es ermöglicht, dass ihr in Christus Jesus sein dürft. Den hat er zu unserer Weisheit gemacht. Durch ihn sind wir vor Gott gerecht gesprochen und unser Leben wird durch ihn geheiligt. Durch ihn sind wir erlöst. In der Schrift heißt es: »Wer stolz sein will, soll auf das stolz sein, was der Herr getan hat« (1. Korinther 1,26-31; NLB).

IMPULS

Wie ist es mir beim Lesen des letzten Textes ergangen? Welches Echo habe ich in mir vernommen? Wie bin ich nun gestimmt? Bin ich verstimmt? Oder erleichtert? Nimm dieses Echo wahr und binde es in dein Gespräch mit Jesus ein.

Nach diesem Text sind unsere Qualifikationen folgende:

- Schwäche,
- Unbedeutendsein,
- Verachtetsein,
- Demütigsein (also das Gegenteil von Stolzsein).

Das Entscheidende ist laut Paulus, dass uns unser Heil alleine von Jesus geschenkt wird. Durch seinen Kreuzestod und seine Auferstehung hat er uns das Heil erworben. Er hat uns wieder mit Gott versöhnt (2. Korinther 5,18).

Auf Jesus Christus dürfen wir also stolz sein und uns ganz selbstverständlich mit ihm verbunden wissen. Darum geht es: verbunden mit Jesus, mit Gott zu leben und nicht aus eigener Kraft, unabhängig und autark. Verbundenheit mit Jesus in Demut: Das ist der Dreh- und Angelpunkt, auf den es ankommt. Genau das spitzt ein weiterer Paulustext zu:

> Denn Gott, der sprach: »Es werde Licht in der Finsternis«, hat uns in unseren Herzen erkennen lassen, dass dieses Licht der Glanz der Herrlichkeit Gottes ist … Doch diesen kostbaren Schatz tragen wir in zerbrechlichen Gefäßen, nämlich in unseren schwachen Körpern. So kann jeder sehen, dass unsere Kraft ganz von Gott kommt und nicht unsere eigene ist (2. Korinther 4,6-7; NLB).

Warum liebe ich diesen Vers so sehr? Weil mich die Aussage, nicht selbst »Licht« sein zu müssen, so entlastet. Jesus ist das Licht, und weil er in mir lebt, darf ich vertrauensvoll lernen, ihn durchscheinen zu lassen. Er ist der kostbare Schatz und ich darf ein zerbrechliches Gefäß sein. Immer wieder bin ich von Anforderungen in meinem Leben überwältigt, die mich niederdrücken, weil ich denke, ich müsste besonders toll oder großartig sein. Wenn ich mich dann daran erinnere, dass ich einfach ein zerbrechliches Gefäß sein darf, erleichtert mich das sehr. Ja, alles Großartige in meinem Leben kommt von Gott und nicht aus mir selbst. Das darf deutlich werden.

Jesus ist das Licht, und weil er in mir lebt, darf ich vertrauensvoll lernen, ihn durchscheinen zu lassen.

Zu anderen Zeiten jedoch, in denen ich mich für etwas Besseres halte, in denen ich ehrsüchtig bin, empfinde ich die Aussage, »nur« zerbrechliches Gefäß zu sein, als Ärgernis und Zumutung.

In diesen Momenten bin ich in meiner Egozentrik gefangen. Schon Jesus hatte damals alle Hände voll zu tun, seinen Jüngern ihre Egozentrik aufzuzeigen. Er war ein Herzenskenner und durchschaute ihre Anwandlungen. Stattdessen lehrte er sie zu beten: »Vater unser im Himmel, dein Name werde geheiligt« (Matthäus 6,9). Wenn wir das so beten, dann sagen wir im Grunde: »Gott, *dein* Name soll groß herauskommen und nicht *mein* Name!«

Und genauso sprechen wir es am Ende des Vaterunsers: »Dein (Gottes) ist ... die Herrlichkeit« (Matthäus 6,13). Und nicht: »Mein ist die Herrlichkeit! Ich bin nicht herrlich und muss auch gar nicht herrlich sein, sondern darf ein begrenzter Mensch sein. Birgit eben – mit allem, was zu mir gehört.« Letztlich entlastet mich diese Zuordnung. Ich darf darin zur Ruhe finden, zum Frieden.

Die Authentizität Jesu

Jesus lehrte seine Jünger nicht nur mit Worten. Er hatte keine vereinzelten Sprechstunden über die Woche verteilt, sondern lebte mitten unter ihnen, drei Jahre lang, Tag und Nacht. Er wollte ihnen kein Image vermitteln, sondern sich »ganz« zeigen, so wie er wirklich war. Direkt morgens nach dem Aufstehen und wenn er abends erschöpft und müde war. Wenn er von den Schriftgelehrten angegriffen wurde oder wenn man ihm vor Begeisterung zujubelte. Immer. Jesus hatte kein Ideal-Ich, das er meinte, verteidigen zu müssen. Er war einfach immer Jesus, verbunden mit seinem Vater, im Vertrauen auf ihn.

Jesus zeigte sich seinen Jüngern auch in Schwäche und in seinem Leiden. Er zog sich dann nicht vor ihnen zurück. Nein, er nahm seine engsten Jünger mit in den Garten Gethsemane. Sie durften in seiner tiefen Angst und während seines größten Kampfes in seiner Nähe sein. Jesus griff in dieser tiefen Not nicht auf Schutzmechanismen zurück, um sich sicher und stark – unabhängig von Gott – zu fühlen. Er sündigte nicht, sondern blieb im Vertrauen. So eine Liebe können wir nur anbeten.

Wohin wir auch sehen: Die Bibel ist durchwebt von den Werten Gottes. Wir haben einen Gott, der das Kleine und Geringe liebt, sich der Kranken annimmt und das Verlorene sucht.

Jesus stellt uns sogar kleine Kinder als Vorbilder hin, sodass wir von ihnen lernen (Lukas 18,17). Und im Christushymnus im Philipperbrief werden wir direkt aufgefordert, Jesu Vorbild zu folgen:

> Geht so miteinander um, wie Christus es euch vorgelebt hat. Obwohl er Gott war, bestand er nicht auf seinen göttlichen Rechten. Er verzichtete auf alles; er nahm die niedrige Stellung eines Dieners an … Er erniedrigte sich selbst und war gehorsam bis zum Tod, indem er wie ein Verbrecher am Kreuz starb. Deshalb hat Gott ihn in den Himmel gehoben (Philipper 2,5-9; NLB).

All das zeigt doch, dass unsere Kleinheit, Schwäche, Unvollkommenheit, Hilfsbedürftigkeit und Sünde für Gott kein Problem sind, sondern ganz im Gegenteil: dass sie uns zu Christus treiben. Wir dürfen demütig anerkennen, dass wir nur verbunden mit Gott gelassen und froh leben können.

Wir dürfen demütig anerkennen, dass wir nur verbunden mit Gott gelassen und froh leben können.

Worin aber liegt unser Problem aus Gottes Sicht? Es liegt in unseren Lösungsversuchen, die uns von Gott, uns selbst und anderen entfremden:

- Wir wollen alleine klarkommen.
- Wir wollen groß sein.

- Wir sind süchtig danach, uns mit anderen zu vergleichen.
- Wir sind überheblich.
- Wir halten uns für etwas Besseres.
- Wir haben Dünkel.
- Wir verdrängen Abgründe.
- Wir sind nicht ehrlich und authentisch.
- Wir wollen unbedingt alles kontrollieren, im Griff haben.
- Wir tendieren dazu, selbst autark und stark sein zu wollen.
- Wir haben mangelnde Hingabe und Liebe zu Gott, zu uns selbst und zu anderen.

Auf dem Weg Jesu werden wir immer wieder an die Weggabelung kommen, die uns dazu einlädt, ehrlich und authentisch zu werden.

Für Wahrhaftigkeit und Aufrichtigkeit gibt es keinen Ersatz. Wir müssen es lernen, zu uns und zu allem zu stehen, was uns in unserem Eisberg begegnet: dem, was wir ablehnen, und dem, was für uns schmerzlich ist. Und wir müssen es in unsere Gottesbeziehung einbinden. Das können wir aber nur, wenn wir bereit sind, es anzuschauen und es uns (und Gott und einem geistlichen Begleiter) einzugestehen. So schreibt der Trappist und Mystiker Thomas Merton:

> Was mich wirklich erschreckt, sind meine eigene Hilflosigkeit und Dummheit, eine Hilflosigkeit und Dummheit, die von einer totalen und kompromisslosen Selbstsicherheit kommen, die in Bezug auf die Arbeit eine Tugend in mir und eine große Quelle der Kraft zu sein scheinen. Was für eine Lüge und was für ein verrückter Betrug ist es doch zu glauben, dass Selbstsicherheit Stärke und Intelligenz bedeutet; dass sie einen ohne größere Schwierigkeiten oder Nöte durch alle Probleme bringen wird … Diese völlige Unabhängigkeit und Selbstständig-

> keit erweist sich mir nicht als große Stärke, sondern als mein großes Problem, als eine schreckliche Schwäche.[13]

Vielleicht regt sich bei dir beim Lesen dieser Zeilen innerer Widerstand, weil du an die Bibelstelle in Matthäus 5,48 denkst: »Ihr aber sollt vollkommen sein; wie euer Vater im Himmel vollkommen ist« (NGÜ). Sollen wir also doch perfekt oder vollkommen werden?

Ich habe über lange Zeit eine Aufforderung in diesen Bibeltext hineingelesen nach dem Motto: »Birgit, versuche perfekt (und heilig) zu werden, wie Gott perfekt (und heilig) ist.« Heute verstehe ich diesen Vers jedoch anders. Er steht in der Bergpredigt direkt nach der Aufforderung zur Feindesliebe. Dort wird ausführlich erklärt, dass wir alle Menschen, auch unsere Feinde, lieben sollen. Darin, in dieser Feindesliebe, dürfen wir lernen, vollkommen zu werden. Im Paralleltext in Lukas 6,38 steht im Anschluss: »Seid barmherzig, wie euer Vater barmherzig ist.« In der Barmherzigkeit dürfen wir immer mehr zunehmen, darin dürfen wir vollkommen werden. Das hat aber überhaupt nichts damit zu tun, nach Größe und Perfektion zu streben.

IMPULS

- Wie geht es mir mit diesen Bibeltexten und den Aussagen: Gott sucht nicht meine Stärke und Leistung, sondern mein authentisches So-Sein, wie ich eben bin: mit Schwächen und Unzulänglichkeiten. Mit dem, was ich an mir annehme, und dem, was ich an mir ablehne. Mit allem?
- Erlebe ich dies als Entlastung oder als Zumutung?
- Welche tiefen inneren Herzensregungen nehme ich in mir wahr?
- Binde das, was du empfindest, in dein Gespräch mit Jesus ein.

Wie aber können wir zu uns und Gott finden? Wie wieder authentisch wir selbst werden? Und wie verhindern wir, meist unbewusst, genau diese Ehrlichkeit? Wieso spricht Jesus so häufig von den verborgenen Motiven, die uns leiten, und vom verborgenen Trachten des Herzens? Darum geht es im nächsten Kapitel.

Kapitel 4

VOM INNEREN RICHTER, INNEREN SPIEGEL UND HEILIGEN GEIST

In diesem Kapitel stelle ich psychische Instanzen vor, die uns meist nicht bewusst sind und die das, was sie in uns als Schwäche identifizieren, ablehnen, bekämpfen und verdrängen. Sie beeinflussen unser Leben, oft ohne dass wir das bemerken. Wir spüren vielleicht nur Druck, Leblosigkeit und Entfremdung – zu uns selbst, zu Gott und anderen. Jesus lädt uns ein, diese Instanzen anzuschauen, sie aus »ihrem Dienst zu entlassen« und stattdessen dem lebensspendenden Heiligen Geist zu folgen.

Wir haben bei unserem Streifzug durch die Bibel gesehen, dass Gott unsere Schwäche, Unzulänglichkeit und Kleinheit nicht ablehnt, sondern uns in unserem authentischen So-Sein, auch mit unseren Unzulänglichkeiten, annimmt. Trotzdem fällt es uns schwer, unsere eigene Schwäche einzugestehen – vor Gott, vor anderen und sogar vor uns selbst.

Der Jesuit Peter Köster, von dem ich die Grundgedanken dieses Kapitels übernommen habe, sagt: »Im Unbewussten jedes Menschen gibt es den Niederschlag oder Widerhall all der Autoritäten, die auf uns seit frühester Kindheit eingewirkt haben.«[14] Die Verbote und Beurteilungen unserer Eltern und anderer Bezugspersonen und deren Reaktionen sind dort abgespeichert. Und so hat sich im Laufe unseres Lebens die Identität unseres inneren Richters und inneren Spiegels herausgebildet.

Der innere Richter

Der innere Richter ist eine Art absolute innere Instanz, der sich aus unseren Erfahrungen mit äußeren Autoritäten herausgebildet hat. Er schreibt uns vor, was wir unbedingt zu tun und was wir unbedingt zu lassen haben. Dabei spricht er eine harte Sprache. Er zeigt sich in unnachgiebigen Aussagen wie: »Du musst ...! Du darfst auf keinen Fall ...! Nur so bist du okay! Nur so musst du dich nicht schämen! Reiß dich zusammen! So musst du dich verhalten! Auf jeden Fall!«

In der Realität hören wir das nicht genau so, wie es hier aufgeschrieben ist. Es ist eher eine Art geballte, bedrückende Emotion, die ich versucht habe, in Worte zu fassen. Unser Leben wird von diesem inneren Richter mitbestimmt, ja, manchmal regelrecht kontrolliert. Er gebietet das eine und ermahnt zu dem anderen. Und er bestraft, indem er heftige Scham- und Schuldgefühle auslöst, um uns in seinem Sinne zu gängeln.

Das bewirkt, dass wir unser Herz mit seinen Impulsen, seinen scheinbar unsinnigen oder bedenklichen oder gefährlichen Wünschen und Sehnsüchten nicht wahrnehmen und unter der Oberfläche des Eisbergs unter Verschluss halten. Wir haben den Eisberg bereits kennengelernt. Wir können hier nun weitere Aspekte ergänzen.

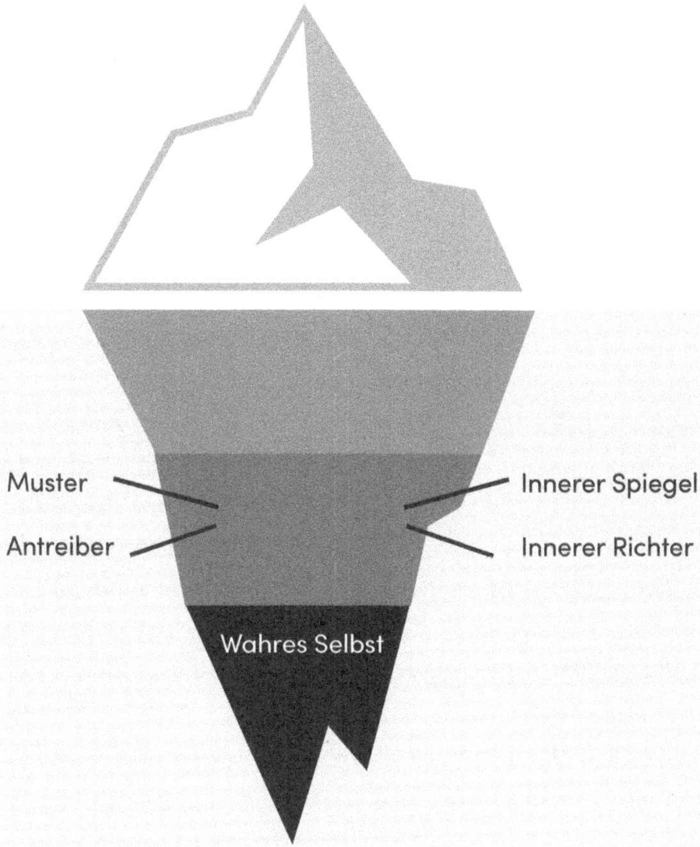

Unter der Wasseroberfläche stellt sich unser innerer Richter wie auch unser innerer Spiegel (siehe nächster Abschnitt) zwischen uns und unser wahres Selbst, unseren Wesenskern.

Die Tragik unseres inneren Richters ist, dass wir durch ihn unsere tiefe Lebendigkeit, unsere Wesensmerkmale, Bedürfnisse, Impulse, Ideen und Sehnsüchte verdrängen. Sie dürfen nicht sein, weil sie »verkehrt« erscheinen und seinen Ansprüchen nicht genügen. Aber so lange wir sie verdrängen und nicht als zu uns gehörig akzeptieren, stellen sie sich zwischen uns und unser Herz oder unseren Wesenskern. Ja, sie stellen sich zwischen uns und Gott, der in unserem Herzen lebt. Jesus sagt in Johannes 14,23 (NGÜ): »Wenn jemand mich liebt, wird er sich nach meinem Wort richten. Mein Vater wird ihn lieben und wir werden zu ihm kommen und bei ihm wohnen.« Gott der Vater und Jesus wohnen in unserem Herzen.

Wenn wir alles verdrängen, was nicht im Einklang mit dem inneren Richter ist, können wir in der Folge die entsprechenden Impulse oder unsere Sehnsucht nicht in unser Gespräch mit Gott einbeziehen. Genau das ist aber für uns Menschen wichtig: alles, tatsächlich unser ganzes Herz, mit Gott zu teilen. Unsere Bedürfnisse, Lebensimpulse, Ideen, Verrücktheiten und Sehnsüchte sind so kostbar. Sie machen unsere Lebendigkeit aus und können Fülle hervorbringen, wie wir in den Kapiteln 8 und 9 sehen werden. Doch dazu müssen wir alles ungefiltert zulassen und wahrnehmen.

> Nichts ist zu unfromm, als dass wir es nicht mit Jesus besprechen dürften.

Gleichzeitig heißt das nicht, dass wir den Impulsen unhinterfragt folgen müssten. Doch nur, was wir zulassen, können wir vor und mit Gott anschauen. Die Traurigkeit. Den Neid. Die Scham und Minderwertigkeit. Die liebevolle Geste. Die gemeine Tat. Das Gute und das Schlechte. Die überschießende Lebensfreude wie die scheinbar gefährliche Sehnsucht. Unser Bedürfnis nach Ruhe, nach Sex. Alles. Nichts ist zu unfromm, als dass wir es nicht mit Jesus besprechen dürften. Doch dazu müssen wir unsere Herzensregungen erlauschen, auch all das, was uns inakzeptabel erscheint. Gott wünscht sich, uns in unserem Herzen, in der Tiefe unseres Seins zu berühren und in Verbindung mit unserer ganzen Person zu bringen, nicht nur mit den uns akzeptablen Anteilen. Ganzheit ist Gottes Ziel für uns – das sehen wir zum Beispiel in 1. Mose 17,1, als Gott zu Abraham sagte: »Lebe vor meinem Angesicht und sei untadelig« (ELB). Auf Hebräisch steht hier *tamim*, was man auch mit »ganz« übersetzen könnte, wie es zum Beispiel Martin Buber und Franz Rosenzweig in ihrer Übersetzung tun. »Sei ganz!«

Ich bin in einer Baptistenfamilie aufgewachsen. In unserer Gemeinde beobachtete ich und durch das Vorbild meiner Mutter lernte ich: Frauen unterstützen vor allem ihren Mann und versorgen die Familie. Sie bleiben eher im Hintergrund und sind zurückhaltend. Ich jedoch erlebte mich als laut und impulsiv. Und so wurde meine innere Richterin schon früh aktiv mit den Anklagen: Du bist falsch! Du musst zurückhaltender sein! Reiß dich zusammen!

Obwohl ich dieses Rollenverständnis schon lange nicht mehr teile und in meinem Leben mittlerweile ganz anders unterwegs bin, kann es auch heute noch passieren, dass ich in einem Seminar, bei dem ich spontan einen Beitrag gebe, nachher von Anklagen der inneren Richterin geplagt werde.

IMPULS

- Wie musste ich mich in meiner Kindheit verhalten, um Aufmerksamkeit und Zuwendung zu erhalten? Wie musste man sich in meiner Familie verhalten, meiner Gemeinde oder der Gegend, wo ich aufgewachsen bin, um als »gut und richtig« zu gelten? Kann ich Zusammenhänge mit meinen heutigen Normen und Werten und dem Ausbilden meines eigenen inneren Richters erkennen?
- Was halte ich heute unhinterfragt für richtig und für falsch, für gut oder schlecht?
- Wann gehe ich mit mir in einen inneren Krieg?

Der innere Richter führt aber nicht nur dazu, dass ich eigene Lebensimpulse und Sehnsüchte unterdrücke, sondern er trägt oft auch dazu bei, dass ich mich als etwas »Besseres« fühle, dass ich überheblich und stolz werde und andere verurteile. Er verhindert ja, dass ich die eigene innere Armut wahrnehme, und deshalb sehe ich das vermeintliche »Armutszeugnis« des anderen umso deutlicher. Der Richter ist im Blick auf andere ständig zugange: »Wie sollte sich eigentlich mein Mann verhalten? Oder meine Freundin? Oder der Pastor? Oder meine Kollegin? Oder mein Kind? Was müssen diese Leute unbedingt tun, damit ich mich nicht aufregen oder ärgern muss?«

Auch lässt uns diese strenge innere Stimme die Wirklichkeit, wie sie ist, kaum anteilnehmend und freundlich wahrnehmen, sondern steht mit ständigen Kommentaren parat: »Also, die Bluse der Frau neben mir sieht ja unmöglich aus! Die steht ihr gar nicht! Der Blumenschmuck da vorne gefällt mir überhaupt nicht. Das Lied da eben? Fand ich furchtbar.«

Damit verhindert der Richter, damit verhindern *wir*, denn wir sind ja dieser Richter, ganz viel: Wir verhindern inneren Frieden, Gelassenheit, das Wahrnehmen all dessen, was so liebenswert ist und unser Leben reich macht. Auch die Begegnung mit anderen Menschen wird schwer belastet. Weil wir blind für uns selbst bleiben und die anderen auf ihre Unzulänglichkeiten und vermeintlichen Fehler reduzieren, das Liebenswerte in ihnen nicht wahrnehmen und wertschätzen.

Das steht auch unserem Mitgefühl im Weg. Der Franziskanerpater Richard Rohr beschreibt es so: »Unser innerer Richter ist so gut geschult und eingeübt, dass wir erst nach jahrelanger Arbeit an unserem Inneren erkennen, wie vollständig diese kritische Sicht auf die Welt unsere Wahrnehmung beeinträchtigt und unser natürliches Mitgefühl verhindert.«[15]

Was sagt Jesus zu unserem kritischen Blick auf andere?

> Hört auf, andere zu verurteilen, und ihr werdet auch nicht verurteilt werden. … Was hältst du dich mit dem Splitter im Auge deines Freundes auf, wenn du einen Balken im eigenen Auge hast? Wie kommst du auf den Gedanken zu sagen: ›Freund, lass mich dir helfen, diesen Splitter aus deinem Auge zu ziehen‹, wenn du nicht über den Balken in deinem eigenen Auge hinausschauen kannst? Du Heuchler! Entferne zuerst einmal den Balken aus deinem eigenen Auge; dann wirst du vielleicht gut genug sehen, um den Splitter aus dem Auge deines Freundes zu ziehen (Lukas 6,37a.41-42; NLB).

Jesus wendet sich also gegen selbstgerechtes Richten anderer und gegen die Blindheit in Bezug auf uns selbst. Er zeigt auf, dass Selbsterfahrung und eigene innere Klärung dem Dienst am anderen vorangehen bzw. unseren Dienst begleiten müssen, damit wir beim anderen nicht das bekämpfen, was Teil unseres eigenen Dilemmas ist.

IMPULS

- Wen meine ich, zurechtrücken zu müssen? Für welches Verhalten? Wann tritt bei mir das Bewerten und Verurteilen anderer besonders stark auf?
- Inwieweit könnte dieser Richter-Impuls Teil meiner eigenen Macke oder Sünde sein?
- Was lehne ich bei mir als »völlig inakzeptabel ab«? Warum eigentlich?

Der innere Spiegel

Es gibt eine weitere Instanz, die unser Verhalten beeinflusst: den »inneren Spiegel«. Er ist eine Art Ideal-Bild von uns selbst, das wir im Laufe unseres Lebens aufgebaut haben. Von Kindheit an versuchen wir, in den Gesichtern anderer Menschen abzulesen, was sie von uns denken und wie sie uns beurteilen. Da wir alle eine große Sehnsucht danach haben, geliebt und anerkannt zu werden, registrieren wir sofort, wenn unser Gegenüber uns signalisiert, dass wir wichtig und liebenswert sind. Wir merken uns, welches Verhalten genau diese Reaktion hervorgerufen hat, damit wir es wiederholen können. Unbewusst bauen wir dabei unseren inneren Spiegel auf, der anderen Menschen genau das zeigt, was sie unserer Meinung nach sehen wollen. Wir fühlen uns dann sicher und angenommen.

Dieser Spiegel zeigt uns in der Regel um ein Vielfaches netter, freundlicher, heiliger, liebenswürdiger und vollkommener, als wir es in Wirklichkeit sind. Im Laufe der Zeit orientieren wir uns immer mehr an ihm und entfremden uns damit immer mehr von unserem wahren Selbst. Nur das, was im Einklang mit eben diesem Spiegel-Ideal-Ich steht, lassen wir noch zu – vor anderen, vor uns selbst und vor Gott. Alles, was dem entgegensteht, ist in Gefahr, in den Keller unseres Daseins verdrängt zu werden. Wir wollen es nicht sehen! Wir sehen es nicht! Und irgendwann sind wir davon überzeugt: Es ist nicht da!

Nur das, was im Einklang mit eben diesem Spiegel-Ideal-Ich steht, lassen wir noch zu – vor anderen, vor uns selbst und vor Gott.

Ich persönlich habe in meiner Kindheit Freude in den Augen meiner Eltern gesehen, wenn ich etwas Besonderes geleistet habe. Und so hat sich in mir der innere Spiegel entwickelt: »Ich bin leistungsstark! Ich bin erfolgreich!«

Der innere Spiegel soll uns vor dem Schmerz schützen, den wir spüren würden, verhielten wir uns anders als von ihm vorgegeben. Doch damit geschieht das Tragische, dass wir uns immer mehr von unserem wirklichen Wesen entfremden und leblos, dumpf, traurig werden. Wir fühlen uns nicht wohl in unserer Haut, nicht im Frieden mit unserer Einzigartigkeit, wie Gott uns geschaffen hat.

Mich »bestrafte« der innere Spiegel, als ich darüber nachdachte, eine Sabbatzeit einzulegen, mit schweren Scham- und Schuldgefühlen, weil ich in dieser Zeit ja gerade nicht leistungsstark und erfolgreich sein und nur wenig arbeiten würde. Auch litt ich lange unter Minderwertigkeitsattacken. Ich bin, wie erwähnt, von Haus aus impulsiv. Wann immer ich in einer Situation vorschnell reagierte, schämte ich mich im Anschluss. Dann flüchtete ich mich zu Gott, um mir von ihm seine Annahme und Liebe zusprechen zu lassen. Das war ja an sich gar nicht mal so schlecht, doch eines Tages fiel es mir wie Schuppen von den Augen: Eigentlich bemerkte ich in diesen Momenten nur mein wirkliches Sein: meine Impulsivität, die zu mir und meinem Wesen gehörte.

Warum aber litt ich wie Hund? Weil ich den Ansprüchen meines inneren Spiegels, meines Ideals, wie ich sein wollte, in diesem Moment nicht gerecht wurde. Weil ich in dem Moment inakzeptable Flecken und Runzeln sah, die ich nicht zulassen wollte. Weil mein innerer Richter diesen Ausspruch oder jenes Verhalten als schreckliche Macke und indiskutable Unzulänglichkeit ansah. Deshalb! Ich hatte bis dahin in solchen Situationen oft gedacht: »Ich bin doch für Gott eine einzige Enttäuschung! Viel zu impulsiv! Viel zu wenig heilig! Viel zu wenig gelassen, rücksichtsvoll und souverän!«

Doch nun ging mir auf und ich musste mir eingestehen: Gott hatte damit gar kein Problem. Er mochte mich, wie ich war. Doch ich wollte mein Ideal-Ich – die tolle Birgit zu sein – nicht loslassen.

Ich zwang mich dazu, anders zu sein, als ich wirklich war. Ich wollte diese Sonderheit oder jene Kauzigkeit oder Unzulänglichkeit einfach nicht zulassen. Ich wollte so einfach nicht sein! In diesen Momenten war ich mit meinem inneren Spiegel verklebt. Diese Überheblichkeit schaffte mir viel Not.

Wenn wir Anteile unseres Seins, unsere »Dunkelheiten«, wie der Jesuit Franz Jalics sie nennt, verdrängen, weil sie nicht zu unserem Ideal-Ich passen, dann sind sie dadurch jedoch nicht verschwunden. Nein, sie zeigen sich »in Form von chronisch negativen Gefühlen: Unzufriedenheit, Unsicherheit, Angst, Aussichtslosigkeit, Wut, Ärger, Verlassenheit, Depression, Traurigkeit, Enttäuschung, Stress, Minderwertigkeitsgefühle, Schuld, Gleichgültigkeit, Eifersucht, Selbstmitleid und vielem anderen.«[16]

Tragischerweise »verstehen« wir uns in all dem nicht und suchen deshalb außerhalb von uns nach den Ursachen für diese belastenden Gefühle. Oft »finden« wir sie bei den Menschen, die uns am nächsten stehen, zum Beispiel dem Ehepartner oder Freunden oder Leuten in der Gemeinde. Doch diese sind eher Auslöser, nicht Ursache unserer inneren Not. Diese liegt in uns selbst.

»Diese Dunkelheiten sind die eigentliche Sünde«, sagt Franz Jalics, nicht die Tatsünden. »Wir empfinden sie häufig nicht als Sünde, weil wir sie weder begehen noch frei bejahen. Sünde ist aber nicht nur, was frei begangen ist, sondern, viel tiefer verstanden, alles, was uns von Gott und von den Menschen trennt. Chronisch negative Gefühle trennen uns von Gott und von den Menschen.«

IMPULS

- Wie sieht mein innerer Spiegel aus? Was ist mein »wundervolles Ideal«? Wie versuche ich zu sein, wenn ich ehrlich bin? Kann ich das in Worte fassen?
- Gab es schon Momente in meinem Leben, in denen ich eine Ahnung von meinem tatsächlichen Zustand bekam, jenseits des Ideals? Wie erging es mir dabei?
- Welche Sehnsucht, welche Herzensregungen, welchen Lebensdurst spüre ich manchmal in mir, die im Widerstreit mit meinem inneren Spiegel stehen?

Innerer Spiegel und innerer Richter in Aktion

Peter Köster fasst zusammen:

> Der innere Spiegel entfernt uns wie der innere Richter von unserer tieferen Wirklichkeit, von unseren wahren Wünschen ebenso wie vom Wirken des Geistes in uns. Beide lenken unsere Aufmerksamkeit auf ein Trugbild. Beim Richter ist es das Trugbild einer absoluten Autorität, die uns unterdrückt; beim Spiegel ist es das trügerische Bild eines wundervollen Ideals, das uns blind macht für unseren wahren Zustand.[17]

Oft zeigen sich in einer einzelnen Begebenheit sogar beide recht deutlich. Mit 35 Jahren lebte ich als Missionarin in Nepal und nahm mit einigen Missionarskollegen an einer mehrtägigen Raftingtour über einen der Gebirgsflüsse teil. Ich genoss es, Zeit in der herrlichen Natur zu verbringen. Die Tour wurde von Schweizer Aussteigern geleitet, die sich auf diese Weise ihren Unterhalt verdienten und ansonsten ein geruhsames Hippiedasein führten und Haschisch konsumierten. Wie reagierte ich auf diese Leute? Ein Teil von mir sah in ihnen Menschen, die Jesus bitter nötig hatten. Dieser Teil verurteilte sie für solch einen Lebensstil. Mein Richter war also nach außen aktiv und versuchte, mich in Schach zu halten: »Das ist alles nur schlecht! Halte dich fern von diesen Leuten!«

Doch während dieser Tage stiegen immer wieder auch ganz andere Herzensregungen in mir auf, die beständig stärker wurden: Ich beneidete diese Hippies! Sie konnten einfach tun und lassen, was sie wollten und wohin die Lust sie trieb. Vergnügung, Leidenschaft, das tun, wozu man Lust hat – dafür hatte ich damals wenig Verständnis. Doch tief in mir meldeten sich andere Regungen, die sagten: »Ich will das auch haben!« Wie sehr genoss ich dieses Abenteuer in der Natur, ohne jedwedes Leistenmüssen! Ich fühlte mich wie neu belebt, wie frisch verliebt in das Leben. Es war wie ein Lebendigwerden nach einem langen Tiefschlaf. Und ich verspürte eine große Unlust, in mein normales Leben mit seinem Alltag zurückzukehren. Wenn ich die Schweizer abends am Lagerfeuer beobachtete, überfiel mich die Sehnsucht, mein jetziges Leben über Bord zu werfen und auch so ein völlig abgedrehtes, »freies« Leben zu leben.

Doch diese Sehnsucht löste gleichzeitig starke Ängste in mir aus. Mein innerer Spiegel, mein Ideal von der leistungsstarken, vernünftigen Birgit, kam total unter Druck. Ich spürte Panik und setzte alles daran, diese Sehnsucht zu unterdrücken. Sie ließ nach wenigen Wochen wieder nach und einige Monate später war sie ganz vergessen.

Damals wertete ich diese Erfahrung als Anfechtung des Bösen, mich in meinem rechtschaffenen Leben zu verunsichern. Heute sehe ich das anders. Immer da, wo sich in unserem Herzen unbändige Sehnsucht nach Leben und Lebendigkeit Bahn bricht, ist der

Heilige Geist am Werk. Es ist Gott selbst, der sein Werben in unsere Seele flüstert und uns aus unseren selbst zusammengeschusterten Gefängnissen – von unserem inneren Richter und Ideal-Ich – befreien möchte. Bei mir war es eine starke Leistungsorientiertheit. Kein Wunder, dass ich mich nach Freiheit und Unbeschwertheit sehnte! Schon Irenäus von Lyon sagte: »In einem lebendigen Menschen verherrlicht sich Gott.« Er lockt uns durch aufbrechende Sehnsucht.

> Immer da, wo sich in unserem Herzen unbändige Sehnsucht nach Leben und Lebendigkeit Bahn bricht, ist der Heilige Geist am Werk.

Beide Instanzen, der innere Richter und der innere Spiegel, lenken uns von unserer tiefen Wirklichkeit ab. Wir konzentrieren uns stattdessen auf eine absolute Autorität, die uns unterdrückt, oder auf das wunderbare Ideal, wie wir vermeintlich sind. Beides dient dazu, das Gefühl von Schwäche, von Unvollkommenheit, von Verwundbarkeit zu vermeiden. Durch diese Ablenkung entfernen wir uns von unserem Herzen und vom Wirken des Geistes in uns.

Der innere Richter übt Druck aus und versucht uns in Schach zu halten und anzuklagen: »Bei dir ist eh Hopfen und Malz verloren.« Er zieht uns in die Selbstablehnung, den Selbsthass. Und der innere Spiegel hält uns in der Verblendung und Täuschung über unseren wirklichen Zustand und bewirkt Hochmut, Stolz, Überheblichkeit oder auch genau das Gegenteil: Minderwertigkeit, Scham und Schuldgefühle. Beide verhindern letztlich wahre Sündenerkenntnis und Buße und auch, dass wir in einen befreiten Umgang mit unserer Lebendigkeit hineinwachsen.

Die zwei Instanzen sind »nach Menschen-Art« entstanden. Sie geben vor, uns leiten und führen zu wollen. Und sie beeinflussen unser Gottesbild, sodass wir mitunter denken, wenn wir ihnen folgen, folgen wir Gott. Wie lange habe ich so gedacht! Wenn mich mein innerer Richter anklagte, dachte ich: »Da klagt mich Gott an.« Wenn ich innerlich die Krise bekam, mich schämte für ein Verhalten, weil ich meinem Ideal nicht entsprach, dachte ich: »Gott ist enttäuscht von mir.« Irgendwann ging mir endlich auf: Das bin ich selbst. *Ich* bin gerade so sauer und frustriert über mich. Das ist gar nicht Gott.

Letztlich hängen wir an den Instanzen Ideal-Ich und innerer Richter, weil sie uns vermeintliche Orientierung und Sicherheit anbieten. Sie sind ein System, mit dem wir versuchen, die Kontrolle zu behalten. Und genau da liegt aus Gottes Sicht unser Problem: Wir wollen alleine zurechtkommen und uns absichern und sind nicht wach und gegenwärtig für die Leitung seines Geistes. Diese Art zu leben, macht uns kaputt.

Innerer Richter und innerer Spiegel in der Bibel

Ich bin heute davon überzeugt: Christus bedient sich nie des inneren Richters oder inneren Spiegels, um uns auf den Weg ins Leben zu führen. Nie! Er tat vielmehr alles, um Menschen mit ihren Illusionen und ihrer Blindheit über sich selbst zu konfrontieren und sie letztlich davon zu befreien.

Jesus stellte sich immer wieder gegen die Pharisäer und Schriftgelehrten, die das »Richter-Denken« mit ihren langen Anklagelisten, was man alles nicht tun durfte, verkörperten. Wie unser innerer Richter waren sie eine absolute, unterdrückende Autorität (siehe zum Beispiel Markus 2,16-17 und 3,1-6). Dagegen wandte sich Jesus; an keiner Stelle bestätigte er dieses gesetzliche Verhalten. Weder damals noch bei uns heute.

Klar, wir müssen ethisch bewerten. Jesus sprach scharf, ja, richtend gerade gegen die Blindheit und Machtbesessenheit der Pharisäer. Er kritisierte Machtstrukturen, die Ausgrenzung von Menschengruppen, soziale Ungerechtigkeit und »vermarkteten Gottesdienst«. Doch das ist etwas anderes, als wenn wir uns und andere ständig bewerten und verurteilen.

Jesus nahm die Menschen an, liebte sie, manchmal konfrontierte er sie mit ihrer sündigen Wirklichkeit (zum Beispiel in Johannes 4,17-18) und dann rief er sie zur Buße und in die Nachfolge und zum Vertrauen auf Gott. Sein Verhalten war immer von lebendiger Hoffnung geprägt und er unterstützte die Menschen zurück auf ihrem Weg ins Leben.

Wenn sich die Jünger einmal an einem inneren Spiegel maßen, bestätigte Jesus diesen nie. Er wusste, dass daraus nichts Gutes erwachsen würde. In Matthäus 18,1-4 wird beschrieben, wie die Jünger ihr Ideal suchten. Sie stritten darüber, wer von ihnen denn nun der Größte sei. Jesus antwortete darauf (ich gebe es in eigenen Worten wieder): »Hört auf, so zu fragen! Macht euch das nicht zum Ideal. Ganz im Gegenteil: Werdet wie die Kinder, die klein sind und sich über solche Fragen keine Gedanken machen.«

Petrus war häufig an seinem inneren Spiegel verhaftet. Kurz vor der Kreuzigung nahm Jesus ihn zur Seite und sagte (sinngemäß): »Ich weiß, dass nun Dinge passieren werden, die euch total durcheinanderbringen werden. Da wird euch der Böse mächtig schütteln! Und du, Petrus, wirst dabei versagen. Du wirst mich verleugnen und behaupten, mich nicht zu kennen. Aber: Ich habe für dich gebetet, dass du inmitten von dem, was dann passiert – in deinem Versagen –, nicht zerbrichst« (vgl. Lukas 22,31-32).

Es erstaunt mich sehr, was Jesus in dieser Situation nicht sagt. Er sagt nicht, dass Petrus unter allen Umständen dieses Versagen, das Verleugnen und Fallen, vermeiden sollte. Weil das der Weltuntergang wäre. Nein, Jesus kannte den Herzensgrund seines Jüngers. Er wusste, dass Petrus oben im Eisberg viel wollte und sich dabei völlig überschätzte. Und wie antwortete Petrus darauf? Er sagte: »Nein, Jesus, das darf nicht passieren! Das wird nicht passieren. Ich bin bereit, mit dir ins Gefängnis und in den Tod zu gehen!« Wir begegnen hier Petrus dem Oberheiligen und völlig Hingegebenen. Der seine Herzensabgründe, die Tiefen seines Eisbergs, nicht kannte.

> Jesus kannte den Herzensgrund seines Jüngers.

Jesus bereitete ihn fürsorglich auf seinen Zerbruch vor, bei dem er lügen und seinen Herrn verleugnen würde. Er tat es mit der großen Zuversicht, dass Petrus durch sein Versagen viel lernen und auch danach zurechtkommen würde. Jesus kannte Petrus' inneren Spiegel und schaute ganz einfach durch ihn hindurch, als wäre es eine Fensterscheibe. Während ich diese Zeilen schreibe, staune ich erneut über die Weisheit und Liebe Jesu.

In Lukas 18,10-14 lesen wir von einem Gleichnis, in dem sowohl innerer Richter als auch innerer Spiegel deutlich werden:

> »Zwei Männer gingen in den Tempel, um zu beten. Der eine war ein Pharisäer, der andere ein Steuereintreiber. Der stolze Pharisäer stand da und betete: ›Ich danke dir, Gott, dass ich kein Sünder bin wie die anderen Menschen, wie die Räuber und die Ungerechten, die Ehebrecher oder besonders wie dieser Steuereintreiber da! Denn ich betrüge niemanden, ich begehe keinen Ehebruch, ich faste zwei Mal in der Woche und gebe dir regelmäßig den zehnten Teil von meinem Einkommen.‹
>
> Der Steuereintreiber dagegen blieb in einigem Abstand stehen und wagte nicht einmal den Blick zu heben, während er

> betete: ›O Gott, sei mir gnädig, denn ich bin ein Sünder.‹ Ich sage euch, dieser Sünder – und nicht der Pharisäer – kehrte heim als ein vor Gott Gerechtfertigter. Denn die Stolzen werden gedemütigt, die Demütigen aber werden geehrt werden« (NLB).

Der Pharisäer hatte sich die Illusion geschaffen, er sei ein Gerechter. Sein innerer Spiegel reflektierte nach außen, was für ein rechtschaffener und gottesfürchtiger Mensch er doch war. Dem Zöllner gegenüber spielte er sich als Richter auf. So wie dieser durfte man auf gar keinen Fall sein.

Und was hatte Jesus zu der Begebenheit zu sagen? Er lobte das Gebet des Zöllners – das einzige Gebet, das Jesus in den Evangelien lobt! »Gott, sei mir Sünder gnädig!« Es ist ein Gebet, das die eigene Armut, die Schwachheit, die Sündhaftigkeit anerkennt.

Der Pharisäer hatte Gottes Vergebung und Barmherzigkeit genauso nötig wie der Zöllner, doch er gestand es sich nicht ein. Und so verpasste er die Gelegenheit, Gott aus der Ganzheit seines Seins zu begegnen. Der Jesuit Peter Köster sagt:

> Die Pharisäer stehen für Menschen, die sich durch ihr »Wissen« der Erfahrung eigener Heilsbedürftigkeit beraubt haben. Das Dunkle und Unerlöste in ihnen, ihre Fähigkeit zum Minderwertigen und Bösen darf sich ihnen nicht zeigen … Sie verschanzen sich hinter ihrem (theologischen) Wissen und finden Argumente, mit denen sie sich vor der ungewohnten Nähe göttlichen Lichts zu schützen hoffen.[18]

»Gott, sei mir Sünderin gnädig«, ist ein Gebet, über das ich nie hinauswachsen werde und das mich aus Verlorenheit und Egozentrik heraus rettet.

Geleitet durch den Heiligen Geist

Wenn wir den Anklagen des inneren Richters nicht mehr nachgeben und das trügerische Ideal des inneren Spiegels bemerken und ihm nicht mehr folgen, wonach sollen wir uns dann ausrichten? Sind wir dann nicht völlig orientierungslos? Was kann uns leiten? Wir brauchen ja durchaus Ermahnung, Korrektur und Leitung auf unserem Weg.

In Johannes 14,18 sagt Jesus: »Ich werde euch nicht als hilflose Waisen zurücklassen. Ich komme zu euch« (NGÜ), und dann erklärt er, dass der Heilige Geist kommen werde (Johannes 14,26).

Im Alten Testament mussten die Israeliten zunächst in der Stiftshütte und später im Tempel anbeten, denn dort wohnte Gott. Doch seit Jesus ist das anders. Der Theologe N.T. Wright sagt, dass die Hauptaussage von Paulus nicht die Rechtfertigung aus Glauben sei – die natürlich wunderbar ist –, sondern: »Die größte und wichtigste Botschaft von Paulus ist: Die menschliche Person ist der neue Tempel Gottes.«[19] »Wisst ihr nicht, dass ihr Gottes Tempel seid und der Geist Gottes in euch wohnt?« (1. Korinther 3,16) und: »Wisst ihr nicht, dass euer Leib ein Tempel des Heiligen Geistes ist, der in euch ist und den ihr von Gott habt?« (1. Korinther 6,19).

Mit diesen Aussagen nähern wir uns etwas, bei dem unser Verstand, der gerne alles rational zerlegen und verstehen möchte, an seine Grenzen kommt. Wir können diese Wahrheiten nur mit dem Herzen versuchen zu erkennen und zu glauben. Im hebräischen Denken war noch nie der Kopf, sondern das Herz das Organ des ganzheitlichen Erkennens und Wollens. Der Heilige Geist ist nicht etwas Diffuses, das nichts mit unserem Leben und Alltag zu tun hätte, sondern er ist ganz real. Er lebt in unserem Herzen, in unserem Leib. Sollte ich je eine Herzoperation haben, würde man den Heiligen Geist, zusammen mit Jesus und dem Vater, also die Dreieinigkeit, dort nicht finden – und doch, in einer anderen Dimension, lebt Gott dort, ganz real (Johannes 14,23.26). Ich darf lernen, auf die Stimme Gottes zu hören.

Wie können wir die Stimme des Heiligen Geistes von unserem inneren Richter oder inneren Spiegel unterscheiden? Ich möchte einige Unterscheidungsmerkmale nennen:

- Der Heilige Geist ist ein gelassener und freundlicher innerer Begleiter, der uns hilft zu erkennen, was in uns los ist. Alles, was in uns ist, wirklich alles, dürfen wir vor Gott anschauen: den Neid, die Missgunst, die sprudelige Lebendigkeit, die Angst, zu kurz zu kommen, unsere Sucht nach Anerkennung. Alles. Der Heilige Geist ist wie eine Lampe, die Licht auf alles wirft.
- Der Heilige Geist lässt uns im Prozess der Klärung spüren: Wir sind völlig durchschaut und dabei völlig angenommen und geliebt (Römer 8,14-16). Wir kennen dieses Durchschautsein häufig nur im Zusammenhang mit Erwischtwerden und mit Gefühlen der Scham. Der Heilige Geist wirkt jedoch völlig anders. Mit ihm sehen wir das Frohe und Helle und das Notvolle und Dunkle als das, was es ist, ohne dass er dabei anklagt oder mit uns schimpft oder an uns herumnörgelt. Alles darf da sein, weil es ja da ist.
- Der Heilige Geist hilft uns, alle unsere inneren Reaktionen wahrzunehmen und dann auch wahr sein zu lassen. Er hilft uns, die Wahrheit auszuhalten, ohne uns zu verurteilen, auch wenn es um die egozentrische und destruktive Seite von uns geht. Unser ganzes Sein ist willkommen.
- Der Heilige Geist bewirkt, dass wir nicht in unseren automatisch einsetzenden Reaktionen und Emotionen verhaftet bleiben, dass sie uns nicht besitzen und automatisch steu-

ern. Wir schauen auf sie und können nun tiefer, umfassender und ehrlicher erkennen, was wirklich los ist und von Gott her dran ist.

- Der Heilige Geist lässt das Böse und Zerstörerische im Lichte Gottes zusammenfallen, denn das Böse ist auf Verstellung und Leugnung angewiesen. Es ist wie das Belichten einer alten analogen Filmrolle. Wenn wir die Wahrheit sehen, ist die Macht der Sünde bereits gebrochen.
- Der Heilige Geist bewirkt, dass wir eher lächeln, seufzen oder über uns weinen, anstatt uns zu hassen oder uns selbstgefällig auf die Schulter zu klopfen.[20]
- Nur der Heilige Geist lässt uns die Wahrheit erkennen, die uns in die Freiheit führt.

Wenn wir empfindsam für diese Zusammenhänge werden, wird uns das tagtäglich helfen, wahrhaftiger unterwegs zu sein. Nur wenn wir alles wahrnehmen, sind wir in der Lage, dem tiefsten Motivationspunkt in unserem Herzen auf die Spur zu kommen und zu erkennen, was dran ist.

Der Heilige Geist ist mitfühlend und barmherzig. Weit mehr, als wir das von uns aus je wären. Wenn wir noch stark mit dem inneren Richter verklebt sind, fühlt sich dieses Mitgefühl und Erbarmen wie »schwächlich und falsch« an, doch der Heilige Geist ist ganz im Gegenteil die sanfte Stärke und Energie Gottes, die uns durchflutet und aufblühen lässt und befreit. Ungeahnte Kraft bricht sich Bahn, wenn wir ihm folgen. Es geht in Richtung Freiheit, Fülle, Lebendigkeit, nach der wir uns doch zutiefst sehnen.

IMPULS

- Welche Qualität des Heiligen Geistes lässt mein Herz besonders aufleben und jubeln?
- Auf welche innere Not stößt dieser Jubel in meinem Herzen?

Der Heilige Geist möchte uns in die Freiheit führen. Während eines Herzensgebets-Kurses erzählte ich dem Kursleiter von den letzten Wochen meiner Sabbatzeit, in denen ich so überraschend, ja, fast unverschämt leicht gelebt hatte. Da entgegnete er: »Was hindert Sie, weiter so zu leben? Welche Einschränkung spüren Sie?«

Ich antwortete: »Es fühlt sich so egoistisch und unverantwortlich an!«

Doch er fragte weiter: »Fühlt es sich authentisch und lebendig für Sie an? Führt diese Seinsweise Sie mehr in Ihre Identität und lässt es Sie mehr das finden, wonach Ihr Herz sucht?«

Das konnte ich sofort mit einem frohen Ja beantworten. In diesen Wochen hatte ich mich zutiefst mit Jesus verbunden gefühlt, lebendig und frei.

Der Kursleiter fuhr fort: »Frau Schilling, Ihre Schuldgefühle – das ist nur alte Struktur, der Sie bisher gefolgt sind. Wenn diese sich löst, bewirkt das Angst. Doch diese Struktur ist alt. Lassen Sie sich stattdessen von Jesus führen.«

Erstaunt und verblüfft verließ ich das Begleitgespräch. Und plötzlich überkam mich ein »Mutanfall«, eine Erleuchtung, und ich schrieb in mein Tagebuch:

> Das, was ich da spüre, ist nur alte Struktur in meinem Gehirn. Der innere Richter ist nur alte Struktur! Das ist ja gar nicht Gott. Es ist nur alte Struktur! Prägung meiner

Kindheit! Das Gefühl, faul zu sein, wenn ich nicht so viel arbeite. Das Gefühl, es mir zu leicht zu machen, wenn mir eine Predigt einfach mal zufällt. Und dass es unnormal ist, wenn ich kindlich-vertrauensvoll lebe. Ich habe doch gearbeitet, aber es war so sanft und leicht.

Genau das sagt auch Epheser 2,10: »Denn wir sind sein Werk, geschaffen in Christus Jesus zu guten Werken, die Gott zuvor bereitet hat, dass wir darin wandeln sollen.« Vielleicht sind es ja die vorbereiteten Werke gewesen, in denen ich so leicht und frei habe leben und wirken können.

Noch stundenlang murmelte ich immer wieder vor mich hin: »Es sind nur alte Strukturen. Mehr nicht! Mehr nicht! Danke, Herr Jesus Christus, für meine Erlösung!« Und dann lachte ich vor Freude.

Ja, der innere Richter, der innere Spiegel … Es sind »nur« alte Strukturen. Mehr nicht. Der Heilige Geist aber ist lebendig, lebensspendend, erneuernd und führt uns in die Weite und Freiheit. Halleluja!

IMPULS

Welche Situation aus meinem Leben ist mir beim Lesen spontan in den Sinn gekommen? Kann ich mich an eine Situation erinnern, wo mich »alte Struktur«, also innerer Richter oder innerer Spiegel, leiten wollte, als wäre es die Stimme Gottes? Wie bin ich damit umgegangen? Was wäre in Zukunft ein Weg für mich?

Manchmal führt uns der Heilige Geist auch in die Umkehr, in die Buße: Vor zwei Jahren besuchte ich einen Supervisionstag für geistliche Begleiter und Begleiterinnen. Wir Teilnehmenden begleiteten einander reihum in einem aktuellen Anliegen und anschließend besprachen wir diese Begleitsequenz mit der Supervisorin und miteinander. Auf meine Bitte um Feedback erhielt ich am Folgetag von der Supervisorin folgende Zeilen: »Birgit, ich war gestern erstaunt über die Selbstverständlichkeit, mit der du teilweise auf die Fragen und Unsicherheiten der anderen Teilnehmenden geantwortet hast. Ich vermute eine alte Falle: die ›Ich bin schon toll‹-Fassade?«

Mein innerer Spiegel (»Ich bin geistlich so reif!«) wollte diese Zeilen weder hören noch lesen. Ich saß vor meinem PC und fand das einfach nur ätzend, wie fast immer, wenn ich ein kritisches Feedback erhalte. Doch dann hörte ich auf, mich zu rechtfertigen, ging damit ins Gebet und ließ nochmals den Tag Revue passieren. Da erinnerte ich mich an die Momente, in denen ich mich anspannte und dachte: »Dieses oder jenes muss ich unbedingt noch sagen!« Ich vermute, dass das die Momente waren, in denen mein innerer Spiegel (»Schaut, wie toll ich bin!«) mich leitete. Ich nahm mein Gegenüber nicht mehr in seiner Unsicherheit wahr, sondern wollte grandios triumphieren. Ja, so bin ich, manchmal.

Durch Demütigungen werden wir demütiger. So einfach und so schwer ist das. Wie kostbar ist es, Menschen zu begegnen, die den Mut haben, uns zu widerstehen, und die dies in Liebe tun.

IMPULS

Wie ergeht es mir, wenn ich kritisches Feedback erhalte, das nicht im Einklang mit meinem inneren Spiegel steht? Wie reagiere ich dann? Wer darf mich mit meinen Schwächen und Schattenseiten konfrontieren, ohne dass ich mich unmittelbar rechtfertige und die Kritik abwehre?

Wir haben in diesem Kapitel Strukturen angeschaut, mit denen wir verhaftet sein können und die uns leiten wollen. Doch damit verhindern sie bzw. verhindern letztlich wir, dass wir wach und präsent in der Verbindung mit Gott leben. Wir haben festgestellt, wie anders der Heilige Geist uns leiten möchte: in der aktuellen Wirklichkeit verankert, liebevoll, barmherzig und klar. Im nächsten Kapitel nehmen wir unsere Verletzlichkeit in den Blick, die wir dann spüren, wenn wir diesen alten Instanzen nicht mehr dienen und es lernen, immer mehr zu uns zu stehen, mit allem, was zu uns gehört – dem, was uns gefällt, und dem, was uns nicht gefällt.

Kapitel 5

GANZ IN GOTTES GEGENWART SEIN

In diesem Kapitel nehmen wir in den Blick, was sich zeigt, wenn wir unserem inneren Richter und inneren Spiegel nicht mehr folgen. Wir werden unserer Verwundbarkeit und Verletzlichkeit gewahr. Es ist eine Herausforderung, dies anzunehmen, um in dem »Prozess unserer Ganzwerdung«[21] zu wachsen: einfach wir selbst zu sein mit allem, was da ist. Alles, was wir in unserem Sein vorfinden, dürfen wir in unser Gespräch mit Gott und seine Gegenwart hineinnehmen.

Es sind besondere Gnadenmomente, wenn wir friedevoll tief in uns selbst hineinschauen können, mit allem, was zu uns gehört. Mit dem, was wir an uns mögen, und dem, was wir nicht an uns mögen. Wir spüren ein seltenes Gefühl von Verbundenheit mit uns und mit Gott. Wir spüren uns in unserer Ganzheit. Wir erleben dieses befreiende Authentischsein, dieses Einssein mit uns selbst, und die Erlaubnis, sein zu dürfen, so wie wir sind. Wohlsein, ja, die Annahme und Liebe Gottes begleiten diese Erfahrung.

In solch einem Augenblick ist unsere innere Abwehr (innerer Richter und innerer Spiegel und anderes) so zur Ruhe gekommen, dass uns das möglich ist. Vielleicht wird uns das geschenkt, während wir still an einem See den Sonnenuntergang beobachten und tief in uns wissen, dass wir okay und angenommen und wertvoll sind. Oder während uns beim Lobpreis die Worte eines Liedes zu einer Liebesbotschaft Gottes werden, die alle Selbstanklage auflöst. Oder während des Herzensgebets, wenn wir diese tiefe Herzensruhe erleben. Unser ganzes Sein ist sicher in Gott.

Wir erleben dann, dass wir »ganz« (*tamim*) sind. Nicht im Sinne von »ganz heil und vollkommen und perfekt«, sondern im Sinne von »ganz, mit allem, was zu dir gehört«: auch dem, was schwer ist anzunehmen. Wenn wir ganz sind, haben wir die Aufspaltung in »Das nehme ich an und das lehne ich ab »(für diesen Moment) losgelassen und erlauben uns zu sein. Wir spüren Frieden.

Alles darf sein

Die Mystiker berichten davon, wie sie sich mit allem, was zu ihnen gehört, annehmen und vor Gott bringen. Sie sagen einheitlich: Alles, was ist, darf auch sein. Wie absurd ist doch das Gegenteil und trotzdem landen wir immer wieder da. Denn was ist, ist ja da. Nur weil unser innerer Richter das nicht mag, ist es deshalb nicht weg, sondern wird höchstens verdrängt, um gerade dann unheilvoll im Verborgenen weiter zu wirken.

Das bedeutet: Wenn ich mich minderwertig fühle, dann fühle ich mich minderwertig und das darf sein. Wenn ich vor Freude übersprudele, dann sprudele ich vor Freude über und das darf sein. Wenn ich vor Neid über die tolle Wohnung des Freundes fast platze, dann platze ich fast vor Neid über diese tolle Wohnung.

Wenn ich tiefen Schmerz spüre, weil sich meine Freundin so lange nicht meldet, dann spüre ich tiefen Schmerz. Wenn ich Angst vor der kommenden Teambesprechung habe und mich unsicher fühle, meinen Beitrag zu leisten, dann habe ich Angst und bin unsicher. Auch das darf sein. Alles, was ist, darf da sein.

Vielleicht verspürst du beim Lesen inneren Unwillen über diese Aussagen. »Aber ich will das doch gar nicht!«, denkst du. »Ja, die Freude, die will ich haben, aber Minderwertigkeit, Neid, Schmerz, Angst und Unsicherheit? Nein, weg damit! Das will ich nicht! Dagegen muss ich ankämpfen!«

Der amerikanische Psychiater M. Scott Peck beginnt seinen Klassiker »**Der wunderbare Weg**« mit dem Satz: »Das Leben ist schwierig!«[22] Und er erklärt: Wenn wir das verstehen und annehmen, dann ist das Leben nicht länger schwierig. Ähnlich drückt es der ehemalige anglikanische Bischof von Südafrika Desmond Tutu aus: »Suffering is inevitable.« Es ist unvermeidlich, dass wir leiden. Ja, Leiden gehört zum Leben, zu unser aller Leben.

Auch die Bibel hat dem Leben ohne Leiden und ohne Sünde gerade mal die ersten und die letzten beiden Kapitel gewidmet. Dazwischen gehören auch in der biblischen Botschaft Schmerz und Leiden und Sünden und Schwäche dazu. Auch zu unserem Leben als NachfolgerInnen Jesu.

Wenn wir uns schwach erleben, ist das oft verbunden mit dem Anspruch: »Eigentlich dürfte das nicht da sein. Was ist da bloß los? Ich will das nicht!« Doch die biblische Botschaft lautet: »Du darfst sein. Mit allem, was bei dir ist. Mit allem: Da ist nichts ausgenommen.«

Und wir dürfen Gott mit hineinnehmen, bevor wir geklärt haben, was in uns los ist. Wir dürfen sozusagen in »Gottes Beisein« alles wahrnehmen, was ist. Wir müssen uns nicht erst zurechtrücken, verbessern, verwandeln, aufpimpen. Das habe ich früher nicht gewusst. Ich dachte im Gegenteil: Zuerst muss ich mich zurechtbringen, um sozusagen für die Audienz mit dem König würdig zu sein. Doch was ich da praktiziert habe, ist letztlich der verzweifelte Versuch, mich selbst »vorzuerlösen«, bevor ich zu Jesus komme. Ist das nicht absurd? Ich glaube an einen Heiland, der für mich am Kreuz gestorben ist und der sagt: »Der Menschensohn ist… gekommen, dass er… sein Leben gebe als Lösegeld für viele« (Markus 10,45). Er, Jesus, ist das Lösegeld. Er löst das, was mich bindet. Er erlöst. Und doch verhalte ich mich so, als müsste ich mich selbst erlösen und verbessern, um mit ihm Gemeinschaft haben zu können. Die Wahrheit lautet: Das, was sich in mir zeigt, auch an Schwächen und Sünden, wird mir zur Stärke und zum Heil, wenn es mich zu Christus treibt und in Gottes offene Arme laufen lässt.

Das, was sich in mir zeigt, auch an Schwächen und Sünden, wird mir zur Stärke und zum Heil, wenn es mich zu Christus treibt und in Gottes offene Arme laufen lässt.

Und dann, im Beisein Jesu und im kindlich offenen Gespräch mit ihm – und zwar im Blick auf alle Tiefen des Eisbergs, die mir zugänglich sind –, darf ich, dürfen wir weiter schauen, was uns möglich ist. Warum kindlich offen? Weil alles akademisch Geprägte, alles Wortgewaltige und Kopflastige uns von unserem wirklichen Da-Sein wegführt. Das wahrhaft Bedeutsame können wir mit schlichten Worten, die auch ein 5-jähriges Kind verstehen würde, ausdrücken. Je hörender und sensibler wir sprechen, je mehr wir auf übliche Floskeln verzichten, je mehr wir stottern und stammeln, um das in Worte zu fassen, was wir tief in unserem Herzen vernehmen, umso näher sind wir an unserem Herzen und umso dichter wird es zwischen Gott und uns. In dieser verletzlichen Öffnung vor Gott dürfen wir gemeinsam mit ihm schauen, wie der nächste Schritt ins Leben und ins Vertrauen hinein aussehen könnte.

Ohne dass uns das bewusst ist, fällt es uns oft schwer, uns auf so verletzliches Beten und Sein einzulassen, weil wir in der Tiefe ein anderes Ziel verfolgen. Dieses könnte so lauten:

Ich will:

- stark sein,
- einheitlich,
- verstehbar,
- erfassbar,
- kontrollierbar,
- steuerbar,
- optimierbar,
- mich selbst im Griff haben.

Wie kommen wir alle – ohne dass wir uns absprechen – auf diese Ziele?

Sie ergeben sich aus der Tatsache, dass wir intuitiv wissen und spüren, dass unser Leben als Menschen unsicher ist. Wir ahnen, dass wir scheitern können. Dass Tragödien passieren können. Wir ahnen, dass wir das Leben nicht im Griff haben. Wir wissen, dass wir sterben können und dereinst auch sterben werden. Und das macht uns Angst. Vielleicht sind wir dieser Angst in der Coronakrise begegnet. Es ist eine Grundangst, die zu unserem Menschsein gehört und die auch darin begründet ist, dass wir nicht Gott sind. Wir sind nicht allwissend, allmächtig, allgegenwärtig und ewig. Doch im Tiefsten versuchen wir immer wieder, uns dem doch ein wenig anzunähern. Dieses verletzliche Leben durch unser Tun ein wenig mehr abzusichern.

Der evangelische Theologe Professor Wilfried Härle nennt diese Angst, die sich aus unserem Menschsein ergibt »kreatürliche Angst«. Sie »resultiert aus der sensiblen, aufmerksamen Wahrnehmung des menschlichen Daseins … Diese kreatürliche Angst ist etwas Gesundes und Lebensdienliches«[23]. Und der Philosoph Søren Kierkegaard bezeichnet sie als »Angst in Unschuld«[24]. Der Mensch darf es lernen, diese anzunehmen und zu ertragen.

Die eigentliche Zielverfehlung des Menschen liegt darin, dass er diese Unsicherheit des Lebens nicht im Vertrauen auf Gott erträgt und annimmt, sondern aus sich selbst heraus loswerden und sein Leben absichern will. Die Angst lässt ihn, lässt uns, die oben genannten imaginären Ziele zur Krücke machen, um der gefühlten Unsicherheit zu entkommen. »Auf diese Weise wird die Angst zum Einfallstor der Sünde.«[25]

Die eigentliche Zielverfehlung des Menschen liegt darin, dass er diese Unsicherheit des Lebens nicht im Vertrauen auf Gott erträgt und annimmt

Und genau diese Strategie, dieses Nicht-Aushalten-im-kindlichen-Vertrauen, das ist das eigentliche Problem aus Gottes Sicht. Es führt uns in die falsche Richtung. Denn es sichert unser Leben gar nicht ab. Es trifft nicht zu, dass wir aus uns selbst heraus irgendetwas absichern könnten. Die Mystikerin Teresa von Ávila sagte einmal: »Es gibt keine Sicherheit, solange wir leben.« Und darum sollten ihre Mitschwestern aufhören, nach Vollkommenheit zu streben, als wären sie Engel.[26]

Es ist eine Illusion, dass wir unser Leben unangreifbar machen könnten. Und es ist auch eine Illusion, dass wir unser Inneres, unsere Seele, optimieren, steuern, verstehen und kontrollieren könnten. Das Erstaunliche ist: Indem wir unnachgiebig diese Ziele verfolgen, oft ohne dass uns das bewusst ist, verhindern wir genau das, was wir eigentlich absichern und erreichen wollen: Frieden und Geborgenheit, Fülle, Lebendigkeit und Freude. Mit diesem Krampf verdrängen wir gerade das, was zu einem erfüllten Leben, einem lernenden, sich entwickelnden Leben dazugehört: Neugier, Leichtigkeit und Gelassenheit, denn diese Früchte sind immer gepaart mit dem Aushalten von Unsicherheit, Verletzlichkeit und Verwundbarkeit. Erfülltes Leben gibt es nur im Doppelpack: dem unmittelbar Beglückenden und dem Aushalten von Unsicherheit.

Uns annehmen mit allem, was wir sind

Die amerikanische Autorin und Sozialforscherin Brené Brown kam über ihre Studien zu ganz ähnlichen Ergebnissen. Sie forschte Jahrzehntelang und suchte nach Mustern und Zusammenhängen rund um das Thema erfülltes Leben. Irgendwann hatte sie zwei Lebensweisen identifiziert. Zur ersten gehörten u. a. Erholung, Spiel, Vertrauen, Glaube, Intuition, Authentizität, Liebe zu anderen und sich selbst, Zugehörigkeit, Freude, Dankbarkeit und Kreativität.

Die zweite Lebensweise behinderte erfülltes Leben: »Perfektion, Erstarrung, Sicherheit, Erschöpfung, Selbstständigkeit [im Sinne von Unabhängigkeit], cool sein, ins Bild passen und [Fokussierung auf] Mangel«[27]. Als Brené Brown diese Ergebnisse schwarz auf weiß vor sich liegen sah, musste sie sich frustriert eingestehen, dass die zweite Lebensweise, und nicht die erste, sie selbst beschrieb. Sie mochte noch so viel theoretisch über erfülltes Leben wissen, doch die Umsetzung in die Praxis war auch für sie ein langer Weg mit Hindernissen. Sie kam aufgrund all ihrer Studien zu dem Ergebnis:

> Verletzlichkeit ist der Kern, das Herzstück und das Zentrum bedeutsamer menschlicher Erfahrungen … Die sicherste Erkenntnis aus all meinen Studien ist diese: Verbundenheit

> ist der Grund, aus dem wir hier sind. Wir sind Beziehungswesen: Beziehung gibt unserem Leben Sinn und Bedeutung und ohne sie leiden wir.[28]

Ich staune darüber, dass die Grundlagenforschung das bestätigt, was uns die Bibel über erfülltes Leben sagt.

Wenn wir in uns hineinspüren, werden wir an manchen Tagen erleben, dass das Leben uns anlacht. Wir empfinden Freude, Kraft und Stärke. Doch an anderen erleben wir uns in unserer Schwäche – und zwar wir alle. Die einen mehr und häufiger und die anderen weniger und seltener. Das hat mit unserer psychischen Grundstruktur, unserem Gewordensein und unserer aktuellen Einsicht in die tiefen Regungen unseres Eisbergs zu tun.

Welche Bereiche lehnen wir besonders häufig bei uns ab und verdrängen sie? Folgende kenne ich aus meinem eigenen Leben und dem meiner Freunde. (Manche Punkte überschneiden sich.)

Hilfsbedürftigkeit

Als Coach berate ich u. a. Pastorinnen, Berater und Leiterinnen, zu deren Aufgabe es gehört, anderen bei der Bewältigung ihres Lebens beizustehen. Sie selbst haben jedoch oft an sich den Anspruch, alleine klarkommen zu müssen. Wenn ich dann nachfrage, warum dies so ist, schauen sie mich häufig völlig konsterniert an und antworten: »Wer sollte mir denn helfen können? Nein, ich muss alleine klarkommen.« Im Gespräch landen wir beim inneren Spiegel und Aussagen wie: »Ich darf mich anderen nicht zumuten. Damit würde ich sie überfordern.« Oder: »Allen anderen predige ich, dass sie Gemeinschaft brauchen und vom Bruder oder Schwester Hilfe erhalten. Doch für mich gilt das nicht.« Häufig liegt der Grund in Erfahrungen der Kindheit und/oder in der Angst, Kontrolle über das eigene Leben zu verlieren, wenn man jemandem seine Not anvertrauen würde.

IMPULS

Wenn ich mir vorstelle, eine Freundin oder einen Freund anzurufen: Wie fühlt es sich für mich an, die Worte auszusprechen: »Es geht mir gerade nicht gut. Ich brauche Hilfe. Bitte hilf mir!«? Welches Echo spüre ich in mir dabei?

Begrenzung

Manche von uns haben tägliche To-do-Listen, für die wir eigentlich drei Tage brauchen würden, um sie abzuarbeiten. Wir nehmen uns so viel vor! Und so ist am Abend immer noch mehr als die Hälfte nicht erledigt, weil es gar nicht zu schaffen war und weil manchmal Unterbrechungen passieren. So ist das Leben und das darf sein. Doch wir sind missmutig und verärgert. Für diese Haltung, mehr (Zeit oder …) haben zu wollen, als das Leben hergibt, hat die geistliche Tradition einen starken Ausdruck: Völlerei. Wir nehmen die Begrenzungen des Lebens nicht an, sondern wollen mehr haben, als Gott uns gibt.

Unsere Begrenzung zeigt sich auch darin, dass wir manchmal Menschen enttäuschen müssen, weil wir gar nicht auf alle Erwartungen eingehen können. Und weil wir berufen sind, Jesus nachzufolgen, und nicht dazu, Menschen nicht zu enttäuschen. Oft schließen sich Nachfolge Jesu und die Erwartungen anderer Menschen aus.

Wir sind begrenzte, kleine Menschenwesen auf dieser Erde. Verletzlich. Verwundbar. Nicht allmächtig und allgegenwärtig, wie

Gott es ist. Nur im Einklang mit unseren Begrenzungen können wir ein friedvolles Leben leben.

IMPULS

Welche inneren Regungen spüre ich beim Aussprechen dieses Satzes: »Ja, ich darf einfach Mensch sein, ein begrenztes Wesen.«? Spüre ich Erleichterung? Oder Frustration? Oder beides?

Bedürftigkeit

Wir sind von Gott als Bedürfniswesen geschaffen: bedürftig nach Zuwendung, Gemeinschaft, Nähe, Begegnung, Berührung, Nahrung, Rückzug, Intimität und vielem mehr. Und zwar vom ersten bis zum letzten Atemzug. Je lebendiger wir im Zuge der Jesusnachfolge werden, umso mehr werden wir diese Bedürfnisse spüren. Das führt uns immer weiter weg von unseren alten Zielen – autark und stark zu sein – und lässt uns stattdessen immer mehr unsere Bedürftigkeit spüren, für die wir auch andere brauchen, denn Nähe, Begegnung und Intimität können wir uns nicht selbst schenken.

Manche tiefe Bedürftigkeit ist aus Mangel entstanden. Und dieser Mangel steigert unsere kreatürliche Sehnsucht enorm. Alles in uns drängt danach, unsere Bedürfnisse (endlich!) erfüllt zu bekommen. Manchmal fühlt sich diese Sehnsucht wirklich wie eine »sehnende Sucht« an. Sehnsüchtig nach Zugehörigkeit, nach Heimat, nach Sicherheit und nach Bestätigung.

IMPULS

Welche Regungen fühle ich in der Tiefe meines Seins, wenn ich ausspreche: »Ja, ich bin ein Bedürfniswesen. Das darf sein. Ich spüre immer wieder das Bedürfnis nach …«?
Welche Bedürfnisse spüre ich am meisten in mir?
Bei welchem Bedürfnis habe ich den Eindruck, dass es mich im Griff hat, süchtig gemacht hat?

Mangel

Wir alle sind mit Mangel groß geworden. Manche mit einem großen Mangel, der sich häufig und besonders schmerzlich zeigt. Es ist eine schwere Aufgabe, das Leben zu leben und zu gestalten, wenn wir ständig auf diese Seelen-Löcher und innere Leere stoßen. Ich werde im nächsten Kapitel noch näher darauf eingehen. Hier nur so viel: Auch dieser Mangel darf sein. Weil er ja ist.

Gott weiß um unsere Wirklichkeit und auch um unseren Mangel. Er ist in diesem Mangel an unserer Seite und steht uns bei, unser konkretes Leben zu leben.

IMPULS

»Ja, mein Mangel und meine Seelenlöcher, sie dürfen sein. Sie schmerzen und sie dürfen sein.«
Welches Echo verspüre ich in meinem Herzen?
Kann mein Herz bei dieser Aussage mitgehen oder spüre ich Widerstand? Beides darf sein.

Macken und Spleens

Heutzutage können die Geheimdienste der Welt all unsere Nachrichten und E-Mails abhören. Wie aber wäre es, wenn jemand unsere Gedanken lesen könnte? Da kämen bei uns allen unglaubliche Gedankengänge und Macken zutage. Wir sind doch alle ein wenig kauzig. Warum sind uns schräge Vögel einerseits suspekt und finden wir sie andererseits doch so liebenswert? Der Vogelfänger Papageno in der Oper Zauberflöte ist so ein eigener Typ, etwas naiv-kindlich und doch gerade darin so liebenswert. Und Pippi Langstrumpf zog uns schon als Kind in ihren Bann. Sie war so mutig sie selbst.

Bei anderen finden wir solche Schrägheit vielleicht liebenswert und ermutigend. Doch bei uns selbst können wir unsere Macken nicht annehmen. Wie sieht es bei dir in dieser Hinsicht aus?

IMPULS

»Ja, auch ich bin ein schräger Vogel. Ich darf so sein. Meine ganz besondere Eigenart ... – sie gehört zu mir oder zumindest zurzeit zu mir. Und dabei bin ich total wertvoll und liebenswert!«
Wie fühlt es sich für mich an, dieser Aussage nachzuspüren? Kann ich das mit einem Schmunzeln auf dem Gesicht sagen? Oder schaue ich gerade entsetzt und denke: »Nein, das geht ja gar nicht!«?
Oder spüre ich ganz leise, tief in meinem Herzen die Hoffnung, diese Sicht könnte wahr sein und mich von dem Druck, ein(e) andere(r) sein zu müssen, befreien?

Angst

Wir alle haben manchmal oder oft Ängste. Weiter oben haben wir schon die kreatürliche Angst in den Blick genommen. Jesus sagte: »In der Welt habt ihr Angst; aber seid getrost, ich habe die Welt überwunden« (Johannes 16,33). Angst zu haben oder innerlich bedrängt zu werden, wie es in anderen Übersetzungen heißt, gehört zu unserem Menschsein. Von Natur aus fürchten wir jedoch die Angst. Sie fühlt sich unangenehm an. Deswegen richten wir unser Leben, meist unbewusst, so ein, dass wir immer einen großen Bogen um unsere Ängste machen und Situationen ausweichen, die sie uns spüren lassen. Nur wenn es still wird, nehmen wir sie vielleicht wahr. Unseren Nächsten aber sind unsere Ängste oft bekannt und vertraut, weil sie schon so oft bei uns beobachtet haben, wie wir unser Leben um sie herum eingerichtet haben.

So hat mein Mann Wolfgang von Natur aus etwas Menschenfurcht, wenn er Leute nicht gut kennt und er ihnen nicht in einer klar definierten Rolle, zum Beispiel in seinem Beruf als Hausarzt, begegnet. Vor einigen Tagen wollte er Gemüsereste in die Komposttonne werfen, als er sah, dass einige Nachbarn, die er eher selten trifft, in der Nähe in eine Unterhaltung vertieft waren.

»Ach, ich bringe den Kompost später raus«, meinte er. Ich musste schmunzeln. Wolfgang und wir alle nennen den tiefen Beweggrund für ein Vermeidungsverhalten in der Regel nicht Angst, auch wenn sie dahintersteckt. Wir sagen dann: »Ich habe gerade keine Lust« oder nennen andere, vernünftige Beweggründe, warum wir gerade nicht tun können, was wir insgeheim fürchten.

IMPULS

Kann mein Herz diese Worte mitsprechen: »Ja, ich spüre immer wieder oder auch oft Angst. Diese meine Angst, sie darf da sein.«? Was spüre ich, wenn ich diese Aussage auf mich wirken lasse? Erleichterung? Frust? Beides?

Viele Ängste und Dunkelheiten unseres Lebens sind Fantasien aus der Kindheit und Relikte vergangener Zeiten. Damals hatten wir Angst, den Kleiderschrank zu öffnen, denn mit Sicherheit käme ein Gespenst heraus. Manchmal plagen uns tiefe irrationale Ängste. Wir dürfen es lernen, diese auszusprechen, zum Beispiel in der geistlichen Begleitung oder einem Seelsorgegespräch.

Einige Ängste oder Schuldgefühle habe ich viele Jahre mit mir herumgetragen oder verdrängt und dann endlich unter großer Überwindung meiner geistlichen Begleitung anvertraut mit der Befürchtung, dass dadurch irgendetwas ganz Schlimmes passieren würde. Doch es passierte … nichts! Gar nichts! Schon im Aussprechen meiner inneren Not spürte ich Erleichterung und manche Angstfantasie löste sich in Luft auf. Andere Ängste konnte ich nun realistisch in den Blick nehmen. Sie waren viel kleiner als befürchtet und ich konnte mutig neue Schritte ins Leben gehen.

Ärger und Wut

Wenn wir ärgerlich sind, dann gibt es einen Grund, ärgerlich zu sein, und der liegt vermutlich tiefer im Eisberg verborgen. Oft ist es so, dass in dem Moment ein Anspruch, den wir an das Leben haben, nicht bedient wird. Ich habe vielleicht den Anspruch, dass mein frisch geputzter Boden nicht mit Dreckschuhen betreten wird. Wenn sich jemand nicht daran hält, bin ich verärgert.

Oder die Mitarbeiter meiner Firma halten sich nicht an die Vorgaben, die wir im Mitarbeitergespräch bereits wiederholt besprochen haben. Eine Grenze, die ich gesetzt habe, wird nicht eingehalten. Oft verbergen sich unter Ärger und Aggressionen andere Knoten, denen wir nicht auf die Spur kommen, wenn wir so vorgehen: »Ich bin wütend. Das darf nicht sein. Weg damit!« Das ist ja wieder der innere Richter, der vergleichend auf unser Ideal-Ich schaut. Stattdessen dürfen wir uns eingestehen: »Ja, ich spüre gerade Aggressionen. Jesus, schau mal: Ich bin gerade wütend!« Manchmal wird uns dann direkt der Grund unserer Wut bewusst. Dann wird sich von dort der nächste Schritt ins Leben zeigen.

Viel häufiger spüren wir jedoch Wut und wissen gar nicht, was in der Tiefe wirklich los ist. Dann können wir weiter beten: »Jesus, zeige mir doch bitte: Was ist gerade los? Ich weiß es nicht. Ich verstehe mich selbst nicht. Hilf mir!«

Bei größeren Knoten kann es Stunden oder Tage dauern, bis wir plötzlich erkennen, was uns im Herzen, in der Tiefe unseres Seins, so querliegt. Es ist überaus hilfreich, Gott inmitten eines solchen Suchprozesses an unserer Seite zu wissen und nicht als Gegner und Urheber von Anklage und Druck. »Jesus, hilf mir! Bleib an meiner Seite. Lass mich nicht zuschanden werden. Sei du mein Fels, meine Burg, mein Erretter!« Wie tröstlich steigen Psalmworte aus unserer Herzenstiefe auf (zum Beispiel Worte aus Psalm 18 und 25) und begleiten uns auf unserer Suche. Und dann wird es uns vielleicht geschenkt, die tiefste, uns leitende Herzensregung zu finden und zu verstehen.

Gerade die ignatianische Spiritualität versucht stets, nah an den tiefsten Unruhe- oder Fragepunkt im Eisberg heranzukommen. Dabei fragen wir so lange, bis uns die Antwort bewusst wird. Danach können wir mit Gott darüber sprechen und in einen Verarbeitungsprozess gehen, bei dem uns der nächste Schritt geschenkt wird, den wir gehen sollen.

IMPULS

Wie fühlt sich für mich die Aussage an: »Ja, ich darf meine Wut, Ärger und Ohnmacht spüren. Diese Emotionen haben immer einen guten Grund da zu sein.«? Erlaube ich mir diese Herzensregungen? Wer müsste mir dazu die Erlaubnis geben?

Sünde

Wenn wir uns in Sünde verstrickt haben, dann dürfen wir innehalten und sagen: »Ja, so ist das. Ich setze gerade aufs falsche Pferd. Ich versuche mich selbst abzusichern, jenseits von Gott.«

Warum dürfen wir das so sagen? Weil Jesus verkündete: »Und ihr werdet die Wahrheit erkennen, und die Wahrheit wird euch freimachen« (Johannes 8,32). Er nennt den Heiligen Geist den Geist der Wahrheit (Johannes 14,17). Deshalb dürfen wir laut aussprechen: »So wie ich bin, wirklich bin, darf ich sein. Es wird mir zur Stärke und zum Heil, wenn es mich zu Christus zieht.« Wir erinnern uns an das Gebet vom Zöllner: »Gott, sei mir Sünder gnädig« (Lukas 8,13b).

Gott weiß um das Drama des menschlichen Lebens, um unsere Zerrissenheit zwischen Liebe und Egozentrik, um unsere Ambivalenzen. Er ist in unserem Wandlungsprozess, beim Lebendig- und Ganzwerden liebevoll an unserer Seite. Ja, er zieht uns, doch nicht mit seiner Frustration oder Ärger, sondern mit seiner Güte. »Weißt du nicht, dass dich Gottes Güte zur Buße (Umkehr) leitet?« (Römer 2,4).

IMPULS

Welches innere Echo spüre ich in mir, wenn ich diese Sätze achtsam mitspreche: »Ich darf eine Sünderin/ein Sünder sein. Ich darf mich zu meiner Sünde stellen.«? Welche körperlichen Reaktionen nehme ich vielleicht wahr? Atme ich gerade vor Erleichterung auf oder spüre ich eine Enge im Brustraum?
Die körperlichen Reaktionen treten im sogenannten Sekundenfenster auf, unmittelbar mit dem Gedanken, noch bevor wir willentlich darauf Einfluss nehmen können. Deshalb sind diese ersten unmittelbaren Reaktionen besonders ehrlich und wahrhaftig.

Emotionen von Scham, Minderwertigkeit und Skrupeln

Auch diese Emotionen dürfen sein. Wann immer wir von solchen Gefühlen überwältigt werden, gibt es gute Gründe dafür, dass sie da sind. Meist entsprechen wir dann nicht dem inneren Spiegel, also dem Ideal, das wir von uns haben (siehe Kapitel 4).

Während ich an diesem Buchprojekt arbeitete, wurde ich von einem Telefonat mit einer Kollegin unterbrochen. Wir hatten einander lange nicht mehr gesprochen und so erzählten wir noch dies und das. Hinterher konnte ich mich nicht mehr auf das Manuskript konzentrieren. Ich bemerkte, wie meine Gedanken ständig zurück zu dem Telefonat gingen, und schließlich wurde mir bewusst, dass ich mich schämte. Innerlich klagte ich mich an: »Wie konntest du nur dieses oder jenes sagen? Das war doch viel zu offen, zu unprofessionell« – so wollte die Anklage-Tirade losgehen.

Ähnliches erlebe ich immer einmal wieder: Eine Situation ist vorbei, doch meine innere Richterin klagt mich unaufhörlich für etwas an, das in der Vergangenheit liegt und nicht mehr zu ändern ist. Doch diesmal bemerkte ich es, bevor mich diese tiefe Schamwolke umhüllen konnte. Ich wandte mich schlicht und kindlich an Jesus. »Jesus, ich schäme mich gerade. Hilf mir, mich anzunehmen, wie ich gerade bin. Lass mich bei dir Zuflucht finden. Unter dem Schutz deiner Flügel bin ich sicher (nach Psalm 63,8).« Und dann … Langsam lösten sich die negativen Emotionen wieder, ich atmete auf und konnte getrost meine Arbeit fortsetzen.

Scham-, Schuld- und Minderwertigkeitsgefühle fühlen sich nicht angenehm, sondern scheußlich an. Unsere Seele, unser Körper sind von Schmerz durchzogen. Ja, diese Emotionen hüllen uns wie eine tiefnasse, dunkle Nebelwolke ein, und wenn sie einmal da ist, kann es Stunden dauern, bis sie sich wieder lichtet. Doch wir dürfen uns immer und immer wieder an Christus wenden. Die Wüstenväter und -mütter gaben den Rat, sich in der Anfechtung mit einem Gegen-Satz zu schützen und sich an ihm festzuhalten.[29] Einige beispielhafte Gegensätze: »Nichts kann mich trennen von der Liebe Gottes. Nichts kann mich trennen von der Liebe Gottes …« (nach Römer 8,38), oder: »Der Herr ist mein Licht und mein Heil. Vor wem sollte ich mich fürchten? Der Herr ist mein Licht und mein Heil. Vor wem sollte ich mich fürchten? … (nach Psalm 27,1)«, oder »Du hast mich erlöst, ich bin dein. Du hast mich erlöst, ich bin dein« (nach Jesaja 43,1).

IMPULS

Welche Beispiele aus meinem Leben sind mir beim Lesen dieses Abschnitts spontan in den Sinn gekommen? Welche Auslöser treiben mich in die Scham? Was hat mir schon einmal geholfen, der Scham wieder zu entkommen?

Wie natürlich schaffe ich es, mich aus der Scham heraus direkt Jesus zuzuwenden und zu beten: »Herr Jesus, erbarme dich meiner! Errette du mich aus meiner Not!«?

Gott in der Wirklichkeit begegnen

Vielleicht vernimmst du in dir nach wie vor die Frage: »Wie kann ich denn etwas annehmen, das ich überhaupt nicht haben will? Das ist doch nicht ehrlich und ich will doch vor Gott ehrlich sein?!?« Ich möchte diese Frage nochmals aufgreifen, denn etwas annehmen, heißt nicht, dass eine Situation oder mein Erleben so ist, wie ich es haben will. Aber ich akzeptiere, dass es im Moment so ist. Es handelt sich durchaus um einen schmerzlichen Prozess, zum Beispiel einen Mangel als solchen zuzulassen, anzusehen und nach und nach anzunehmen. Doch täusche ich damit nicht vor: »Genau diesen Mangel, den will ich so haben. Als ungewollt Kinderlose: Ich will gar kein Kind haben. Als Single: Ich will gar keine Partnerin haben. Als an Krebs Erkrankte: Ich will den Krebs haben! Als Langzeit-Arbeitsloser: Ich will gar keine Arbeitsstelle haben.« Nein, das wäre ja absurd. Indem ich meinen Mangel annehme, stelle ich mich jedoch

> Indem ich meinen Mangel annehme, stelle ich mich der Wirklichkeit, wie sie tatsächlich gerade ist.

der Wirklichkeit, wie sie tatsächlich gerade ist. Gott begegnet uns immer in unserer Wirklichkeit, so, wie sie ist, und nicht, wie wir sie gerne hätten.

Ich kenne niemanden, der so schonungslos klar und liebevoll die Menschen mit ihrer tatsächlichen und oft schmerzlichen Realität in Kontakt gebracht hat wie Jesus. Da ist zum Beispiel die Frau am Jakobsbrunnen mit ihren ständig wechselnden Partnern. Petrus mit seiner Verblendung über seinen Herzenszustand. Der Jünger Thomas mit seinen Zweifeln. Die Pharisäer und Schriftgelehrten mit ihrem verhärteten Herzen und ihrer Doppelbödigkeit.

Es ist normal und menschlich, dass unser Herz bei einem Mangel zunächst mit einem: »Das kann und will ich nicht annehmen« reagiert. Und genau das dürfen wir dann in unser Gespräch mit Jesus einbinden. »Jesus, diesen Mangel … ich hasse ihn! Ich will ihn nicht haben.« – und schon sind wir in Verbindung mit Gott, und zwar mit unserer ganzen Existenz. So kann Jesus uns an die Hand nehmen und erneut ins Leben führen.

Ich beobachte bei mir, dass ich in Selbstgesprächen in dem Mangel verharre und mich im Kreis drehe. Doch wenn ich mich, so gut es mir in dem jeweiligen Moment möglich ist, Gott zuwende und ihm mein Herz ausschütte, verändert sich etwas in mir. Dann wird mein wehes Herz von Gott erreicht und öffnet sich. Mein Nicht-Verstehen und Nicht-Wollen wird von Gottes Liebe umhüllt und setzt einen Verwandlungsprozess in Gang, der von mir selbst nicht zu initiieren und zu steuern ist und in den ich nicht gelange, wenn ich in meinen Selbstgesprächen bleibe.

Annehmen ist also ein Prozess und ein Entschluss, den ich immer wieder fassen kann, wenn ich bemerke, dass ich ihn verloren habe.

In diesem Kapitel haben wir uns Themen angeschaut, die wir oft vermeiden und verdrängen: Angst, Wut, Mangel, Hilflosigkeit … Wir ordnen sie dem »Schweren und Schwachen« zu. Doch um authentisch befreit zu leben und um *tamim* – ganz – zu werden, dürfen wir es lernen, all das zuzulassen und immer selbstverständlicher anzunehmen und sogar dafür zu danken. Erst wenn wir für etwas danken können, haben wir es wirklich in der Tiefe angenommen. Dann stehen wir wieder auf dem Fundament, dass alles, wirklich alles, zum Guten mitwirken muss (Römer 8,28).

Erst wenn wir für etwas danken können, haben wir es wirklich in der Tiefe angenommen.

Ein Großteil unseres Leidens als Menschen entsteht erstaunlicherweise nicht durch »die Schwere und das Schwache«, sondern dadurch, dass wir versuchen, diese schweren und schwachen inneren Reaktionen in Schach zu halten und zu verdrängen. Wir brauchen viel Kraft, um die (berechtigte) Aggression wegzuschieben. Verdrängte Ängste treiben gerade dann ihr Unwesen, wenn sie uns unhinterfragt dahingehend gängeln, dass wir das, was uns Angst macht, vermeiden. Doch oft verhindern sie gerade damit, dass wir mutig das tun, was Gott uns vor die Füße gelegt hat.

Wenn wir jedoch bereit sind, das Schwere zu spüren und mit Jesus an unserer Seite auszuhalten und anzunehmen, wird es leichter und wir treten wieder ins lebendige Leben. Wir verbrauchen dann unsere Seelenkraft nicht mehr fürs Verdrängen, sondern haben diese Energie für die Bewältigung unseres Lebens zur Verfügung. Wir durchlaufen den Prozess der Auseinandersetzung mit der jeweiligen Not, bis wir sie annehmen können. Vielleicht spüren wir gleichzeitig, wie sich wieder Lebendigkeit und innerer Friede ausbreiten.

IMPULS

- Wie ist es mir mit diesem Kapitel ergangen? Bei welchem Thema bin ich innerlich besonders hängen geblieben? Welche aktuelle Begebenheit kam mir spontan in den Sinn?
- Bei welchen »Schwächen« habe ich mich wiedergefunden? Kann ich mich mit ihnen annehmen und dafür danken oder verspüre ich einen inneren Widerstand?
- Wie stehe ich zum Thema »Das annehmen, was ich eigentlich nicht haben will«? Wie könnte ich das, was mir jetzt bewusst wird, in mein Gespräch mit Jesus einbinden?

Kapitel 6

UNSERE KERNVERLETZUNGEN UND ANTREIBER

Wenn wir uns auf den Prozess des Wahrhaftig- und Lebendigwerdens mit Jesus einlassen, wenn die Automatismen von innerem Richter und innerem Spiegel sich lockern, werden wir manchmal am Ende der Kette von Beweggründen, die uns leiten, bei unseren Lebenswunden landen. Dabei handelt es sich um unsere Kernverletzungen, die sich immer wieder in unserem Alltag bemerkbar machen, meist ohne dass wir das bemerken. Doch denjenigen, die uns nahe stehen, sind unsere Reaktionen vertraut, da sie diese immer wieder bei uns erleben.

Wir alle haben Kernverletzungen. Sie sind die größten Verletzungen bzw. Mangelerfahrungen aus unserer Kindheit und können bis in unsere vorgeburtliche Zeit zurückreichen. Diese Verletzungen sind tief in unserem Sein als Verwundung gespeichert. Wir können sie als Art »Sprung in unserer (Schall-)Platte« bezeichnen, der sich damals eingekerbt hat und sich bis heute immer einmal wieder zeigt. Die Nadel auf der Schallplatte springt einfach immer wieder zurück.[30]

Was können solche Kernverletzungen sein? Welche sind mir in der Beratung oder bei Freunden und mir selbst begegnet? Es sind Wunden und Narben in der Tiefe unseres Seins (tief im Eisberg), die zur Folge haben können:

- Angst vor Ablehnung bzw. die Überzeugung, abgelehnt zu sein,
- Angst oder die »Überzeugung«, nicht gut genug zu sein,
- Angst oder die »Überzeugung«, nicht so sein zu dürfen, wie man ist,
- Angst oder die »Überzeugung«, nicht sein zu dürfen,
- Angst oder die »Überzeugung«, nicht bedeutsam zu sein,
- Angst oder die »Überzeugung«, verlassen zu werden,
- Angst oder die »Überzeugung«, nicht gehört zu werden,
- Angst oder die »Überzeugung«, nicht dazuzugehören,
- Angst oder die »Überzeugung«, zu kurz zu kommen,
- eine unstillbare Sehnsucht nach einer allversorgenden Mutter,
- eine unstillbare Sehnsucht nach einem Vater,
- eine unstillbare Sehnsucht nach Bindung, Symbiose und Geborgenheit,
- …

Schützende Mauern

Weil es so schmerzhaft ist, die Kernverletzungen zu spüren, haben wir eine Schutzmauer um sie errichtet: unsere Antreiber. Sie sollen uns vor dem Schmerz dieser Ängste und der unstillbaren Sehnsucht schützen. Wie machen sie das?

Unsere Kernverletzung beruht vielleicht auf einem großen Mangel, den wir in unserer frühen Kindheit erlebt haben. Wir sehnen uns zutiefst nach Annahme, Zugehörigkeit und Geborgenheit. Wann immer es still um uns herum wird, zeigt sich dieser Mangel mit einem Gefühl von vernichtender Leere, Unerfülltheit, Angst und/oder Schmerz. Das ist schier nicht auszuhalten und … schon bietet der Antreiber die Lösung an: »Meide das Innehalten!«, oder: »Hetze von einem zum anderen!«, oder: »Arbeite unentwegt!«

Indem wir dann diesem Auftrag folgen, werden wir von unseren unerträglichen Gefühlen »erlöst«. Und so »dient« uns der Antreiber tatsächlich wie eine schützende Mauer. Wir hechten von einem zum anderen und spüren so die Folgen unserer Wunden und Narben nicht mehr oder zumindest weniger stark. Ja, wir hoffen, mit dieser Strategie unsere Lebensqualität zu verbessern und dem Schmerz zu entkommen. Diese Zusammenhänge sind uns allerdings meistens nicht bewusst, sie spielen sich in den Tiefen unseres Eisberges ab.

Unser Antreiber kann uns aber auch in die entgegengesetzte Richtung leiten, je nach zugrunde liegender Kernverletzung und Bewältigungsstrategie. Wenn wir die Leere, den Schmerz und die Unerfülltheit spüren, droht er: »Tu nur ja nichts! Das ist viel zu anstrengend. Das schaffst du nicht!«, oder: »Tu nichts! Denn wenn du etwas tust, kannst du auch Fehler machen. Du darfst aber keinen Fehler machen! Also tu nichts!«

Die Botschaften unserer Antreiber, unserer vermeintlichen Problemlösung, sind also ganz individuell, ganz auf uns abgestimmt. Hier noch einige weitere:

- Du musst erfolgreich sein! Immer!
- Tu deine Pflicht! Immer!
- Du musst anderen helfen! Immer!

- Sei gefällig! Immer!
- Streng dich an! Immer!

Das Tragische ist, dass die Antreiber sich über unsere Lebendigkeit, Bedürfnisse und Wünsche legen und wir unser wahres Wesen nicht mehr wahrnehmen können.

Wem wir folgen

In Kapitel 4 haben wir die Qualität der Leitung durch den Heiligen Geist in den Blick genommen. Wir können in einer Situation entweder dem Heiligen Geist folgen oder unseren Antreibern: den Mustern, die uns vor den Auswirkungen unserer Lebenswunden schützen sollen. Das eine schließt das andere in dem jeweiligen Moment aus. Wenn wir unseren Antreibern folgen, die ja hauptsächlich damit beschäftigt sind, dafür zu sorgen, dass wir den Schmerz unserer Lebenswunden so wenig wie möglich spüren, können wir nicht achtsam in der Gegenwart präsent sein. Damit meine ich, dass wir nicht im Hier und Jetzt unsere tatsächlichen, aktuellen Bedürfnisse wahrnehmen, die gegebene Situation und auch die anderen Beteiligten realistisch einschätzen und angemessen in Liebe reagieren können. Dazu aber sind wir von Gott berufen. Das ist unsere Aufgabe in unserem ganz normalen Alltag.

> Wenn wir unseren Antreibern folgen, können wir nicht achtsam in der Gegenwart präsent sein.

Wenn uns unsere Antreiber leiten, werden wir von den Verletzungen der Vergangenheit gesteuert. Nicht ständig und immer, doch immer wieder. Dann nämlich, wenn wir in die Nähe einer Kernverletzung kommen, und das kann jederzeit geschehen: bei der Auseinandersetzung mit dem Chef, einem Kunden, in der Teambesprechung, daheim mit dem Partner, der Freundin oder alten Eltern. Überall und jederzeit.

Was aber ist der Weg ins Leben? Wie sieht Jesu Einladung aus? Der Weg Jesu und damit ins Leben geht in die entgegengesetzte Richtung des Antreibers. Wir hören auf, den Selbstheilungs-Versuchen zu folgen:

- Wir hören auf, dem Erfolg hinterherzuhecheln und uns über unsere Kräfte zu verausgaben ... Warum tun wir das eigentlich? Weil wir uns ohne Erfolg wertlos fühlen.
- Wir hechten nach einem anstrengenden Arbeitstag nicht noch zur Party der Bekannten, weil wir unbedingt dabei sein müssen. Warum tun wir das eigentlich? Weil wir uns sonst einsam und nicht zugehörig fühlen.
- Wir lassen unser überforderndes Pflichtprogramm los. Warum absolvieren wir es eigentlich? Weil es sich sonst nach Faulsein anfühlt und wir uns wie schlechte Menschen vorkommen.
- Wir hören auf, uns täglich in Romane und Filme und Computerspiele zu versenken. Warum tun wir das eigentlich? Weil wir da abtauchen können und keinen Fehler machen – denn nur fehlerlos haben wir eine Daseinsberechtigung.
- Wir hören auf, die Retter der Nation zu sein und über ein gutes Maß Freunden und Nachbarn zur Seite zu stehen. Warum tun wir das eigentlich? Weil wir sonst keinen Wert in uns spüren.
- Wir hören auf, die Erwartungen der anderen zu erfüllen, und halten die Angst aus, andere zu enttäuschen. Warum tun wir das eigentlich? Weil wir in uns nur dann eine Daseinsberechtigung spüren, wenn alle mit uns zufrieden sind.

Wir hören also auf, unseren alten, antreibenden Mustern unhinterfragt zu folgen, und werfen uns voller Zuversicht in die Arme Jesu. Wir bitten ihn, uns inmitten unserer Abgründe, Leere, Ängste und vernichtenden Einsamkeit zu halten und uns nahe zu sein. Wie gnädig, wie barmherzig, wie gütig ist es von Jesus, dass wir das Lösen und Erlösen von unserem Antreiber gar nicht alleine hinkriegen müssen. Wir können auch nicht selbst unsere Kernverletzung heilen. Doch wir dürfen uns von Jesus erretten lassen, immer und immer wieder aufs Neue. Er ist liebevoll an unserer Seite in dem Prozess der Befreiung und Verwandlung, bis wir dereinst bei ihm sind und wirklich alles gut ist. Dereinst, wenn er abwischen wird alle Tränen und es kein Geschrei und kein Leid mehr gibt (Offenbarung 21,4). Doch bis dahin sind und bleiben wir mit unseren Kernverletzungen unterwegs.

Wie beim Erkennen des inneren Richters und des inneren Spiegels begleitet uns Jesus dabei, möglichst genau den Inhalten unseres »Sprungs in der Schallplatte« auf die Spur zu kommen. Das ist nötig, damit wir nicht ahnungslos von unseren Kernverletzungen geleitet werden und andere damit verletzen. Denn: Schmerz, der nicht von Gottes Liebe heilsam berührt, »geheilt« und verwandelt wird, wird immer weitergegeben: an die Partnerin, unsere Kinder, die Eltern, unsere Freundin, den Kollegen, die Gemeinde und wo wir sonst unterwegs sind.

Schmerz, der nicht von Gottes Liebe heilsam berührt, »geheilt« und verwandelt wird, wird immer weitergegeben.

Ich schreibe »geheilt« bewusst in Anführungszeichen, weil viele von uns damit verbinden, dass unsere Wunde voll und ganz verschwindet. Doch die Verwandlung meint etwas anderes, nämlich dass wir unsere Wunde annehmen und in den Einflussbereich Jesu stellen. Wir schauen barmherzig auf uns, mit unserer Lebenswunde. Das bringt eine heilsame Entwicklung in Gang, die dazu führt, dass die Wunde nicht mehr wie auf Autofokus nach außen hin zerstörerisch und verletzend unterwegs ist. Die ein oder andere Wunde kann auf diese Weise tatsächlich heilen, einige Verletzungen werden aber unser Leben lang immer wieder aufbrechen.

Diesen Inhalten auf die Spur zu kommen, ist ein Prozess, bei dem wir immer tiefer in den »Eisberg« eintauchen. Der Heilige Geist leitet uns achtsam und liebevoll, wenn wir uns ihm vertrauensvoll überlassen. Dabei werden wir tiefe Ängste und Verbote spüren. Hin und wieder fragen wir uns vielleicht: »Ist es das wert? Will ich all diese Schmerzen wirklich erneut spüren? Warum ist das Leben nur so anstrengend? Gibt es keine einfache ›Formel‹, um das loszuwerden? Ach, Herr …!«

Ich zumindest lande immer wieder frustriert und entmutigt bei diesen Fragen. »Ist es denn immer noch nicht genug, Jesus?« Wenn ich mich so ehrlich an Jesus wende, antwortet er mir manchmal, indem er mich einfach auf das hinweist, was ich da gerade von mir gebe. Wenn ich mir dann selbst zuhöre, bemerke ich, wie töricht meine Fragen vom »Geist dieser Welt« infiziert sind. »Lösungen! Weg mit dem Schmerz! Sieben Schritte und Tipps! Und zwar bitte schnell!«

Doch manchmal stoße ich auf die Spur, von der ich in diesem Buch schreibe. Ja, so ist Nachfolge. Es ist und bleibt eine Einladung ins Leben, die doch alles kostet. Die Nachfolge Jesu war und ist immer schon beides gewesen: Zumutung an unser falsches Selbst, also unsere Egozentrik, und übergroßes Geschenk an unser wahres Selbst, unser tiefes Sein in Gott.[31] Manchmal erleben wir die eine Seite, manchmal die andere und häufig auch beide Seiten zeitgleich oder aufeinander folgend: Sterbeschmerz und Auferstehungsfreude.

Was mich immer wieder auf die Spur des Lebens zieht, ist, wenn ich auf Menschen schaue, die in unnachgiebiger Ehrlichkeit und

Liebe immer wieder neu Gott gesucht haben und ihren Weg gegangen sind. Ich mache dann eigentlich genau das, was der Schreiber des Hebräerbriefes in Kapitel 11 auch tat. Er schaute auf die Glaubenszeugen. Ich habe einige solcher Zeugen in meinem Leben, noch lebende und auch Vorbilder aus der Kirchengeschichte. Es sind alles Menschen, die sich lebenslang dem Licht seiner Wahrheit aussetzten und dadurch freundliche, liebenswerte, humorvolle, aufrichtige, friedfertige, gelassene und ehrlich unvollkommene Menschen geworden sind und weiter werden. Da denke ich: »Ja, Birgit, mach es wie sie. Bleib dran! Bleib tapfer!«

IMPULS

Versuche, so ehrlich es dir möglich ist, die folgenden Fragen auf dich wirken zu lassen:

- Kann ich mich an eine Botschaft meiner Eltern erinnern (explizit ausgesprochen oder durch ihr Verhalten kommuniziert), die mich in meiner Kindheit immer wieder in meinem Wesenskern verletzt hat?
  Es können beschämende, abwertende Botschaften zu diesen menschlichen Bedürfnissen sein:
  Sein dürfen: Es ist gut, dass es mich gibt. Ich darf sein.
  So sein dürfen, wie ich wirklich bin, auch mit meinen Besonderheiten: Ich bin gut so, wie ich bin.
  Liebenswert, wertvoll sein: Ich bin einzigartig und geliebt.
  Beispiele für negative Botschaften: »Du bist viel zu laut, impulsiv, langsam, still, zögerlich, trotzig!«
  Oder: »Eigentlich wollten wir gar kein Kind mehr.«
  Oder: »Nach deinen Schwestern hatten wir eigentlich auf einen Jungen gehofft und wollten nicht noch

ein weiteres Mädchen!« Oder: »Es ging mir schon während der Schwangerschaft mit dir nicht gut!«

- Welche Überlebensstrategie habe ich entwickelt, um mit den Kernverletzungen fertigzuwerden? Wie heißt mein Antreiber?
  Beispiele:
  Ich muss Leistung erbringen! Ich muss die/der Beste sein!
  Ich muss es anderen recht machen, muss die Erwartungen anderer erfüllen!
  Ich muss immer zur Stelle sein und helfen!
- In welchen Situationen reagiere ich immer wieder emotional unverhältnismäßig stark: explodiere, blockiere innerlich oder habe einen seelischen Absturz? Wie genau erlebe ich eine solche Situation – was geht da in mir ab, wenn ich ganz ehrlich bin, und wie verhalte ich mich?
  Kann ich einen Zusammenhang zwischen meinen starken emotionalen Reaktionen in diesen Situationen heute und den verletzenden Erfahrungen meiner Kindheit erkennen?

»Nachheilen«

Wir alle gehen mit unseren Wunden durchs Leben. Und dann kann es sein, dass wir plötzlich jemanden treffen oder in eine Gruppe kommen, wo wir innerlich aufjubeln. Wir spüren eine solche Hoffnung und Heiterkeit. Vielleicht sind wir frisch verliebt oder eine neue Freundschaft bahnt sich mit jemandem an oder wir haben endlich die richtige Gemeinde oder Gemeinschaft gefunden. Unbewusst hoffen wir auf die Heilung unserer alten Mangelerfahrung. Oft zum wiederholten Mal. Das ist bei uns Menschen so.

Ja, die Gemeinde Jesu kann solch ein Ort sein, wo sich alte Mangelerfahrungen zeigen, damit sie endlich nachheilen können. Und das ist etwas Wunderbares. Gemeinde Jesu ist uns von Gott geschenkt, damit wir hinkenden Jakobs und schrägen Vögel etwas von der Liebe Christi erfahren und heilende Güte erleben. Jesus sagt: »Denn wo zwei oder drei versammelt sind in meinem Namen, da bin ich mitten unter ihnen« (Matthäus 18,20).

In Gemeinschaft können wir tatsächlich Heil und Heilung erleben, denn letztlich begegnet uns im anderen Jesus Christus. Dietrich Bonhoeffer sagte einmal: »Der Christus im eigenen Herzen ist schwächer als der Christus im Worte des Bruders; jener ist ungewiss, dieser ist gewiss.«[32] So ist es. Wir sind einander geschenkt, um einander an Christi Stelle zu trösten, zu ermutigen und zu ermahnen. Wir können uns selbst in der Regel keinen Trost, keine Ermutigung und Ermahnung zuteil werden lassen. Manchmal schenkt der Heilige Geist dies uns direkt ins Herz und doch brauchen wir alle auch den Bruder und die Schwester, also Gemeinschaft, egal, ob wir extrovertiert oder introvertiert veranlagt sind.

> Wenn der andere uns zum Retter werden soll, kann er uns nur enttäuschen und wir werden von ihm Menschenunmögliches erwarten.

Wenn wir allerdings durch Menschen nachheilen wollen, besteht die Gefahr, dass wir bei ihnen die Erlösung von unserer Kernverletzung suchen. Wenn der andere uns jedoch zum Retter werden soll, kann er uns nur enttäuschen und wir werden von ihm Menschenunmögliches erwarten. Egal, ob das unser Ehepartner ist, unsere Freundin, unser Kind, unsere Eltern, die Seelsorgerin, der geistliche Begleiter. Und auch die beste Gemeinde könnte eine solche Rettung nicht bewirken.

Jenseits der ersten Lebensmonate, wo es für Babys so wichtig ist, eine allumsorgende Mutter und einen behütenden Vater zu haben, gibt es diese Rundumversorgung für uns Menschen auf dieser Erde nicht mehr. Nie mehr! Das ist unfassbar traurig, wo wir uns das in der Tiefe unseres Seins so sehr wünschen. Doch kein Ehepartner, kein Freund, keine Seelsorgerin und auch keine Gemeinde oder Gruppe kann uns das schenken.

Wir müssen darüber aber nicht verzweifeln. Wir sind nicht alleine! Jesus hat uns nicht als Waisen zurückgelassen, sondern den Heiligen Geist geschenkt. Ja, Jesus selbst wohnt durch den Heiligen Geist in unseren Herzen. Und zwar tatsächlich. Wirklich. Johannes vom Kreuz, der große Mystiker aus dem 16. Jahrhundert, drückte das so aus: »Das Wort, (der) Sohn Gottes, ist zusammen mit dem Vater und dem Heiligen Geist seinem Wesen nach im innersten Wesenskern der Seele verborgen gegenwärtig.«[33] Gott lebt in unserem Herzen. Er lebt in uns und ist immer bei uns. Er ist unsere Heimat, in der wir uns bergen dürfen. Und er ist unser Erretter. Heute. Jetzt. Und morgen und übermorgen auch. Moment für Moment, Tag für Tag.

Es könnte uns frustrieren, dass wir nicht unangefochten stark werden, im Sinne von: »Ich habe die Heilung nun in der Tasche, wie ein Abschlusszeugnis oder Zertifikat. Ich bin bekehrt, habe das Heil erlangt und kann nun sagen: ›Jesus, jetzt ist es gut. Nun komme ich wieder alleine klar.‹« Nein, nur in der innigen Verbindung – von Moment zu Moment – erleben wir Trost und bleiben bis ans Lebensende in dem Prozess des Gehalten- und Geheiltwerdens. »Von ganzem Herzen hänge ich an dir und deine Hand hält mich fest«, sagt der Psalmist in Psalm 63,9 (NGÜ). Und in Johannes

15, im Bild vom Weinstock und den Reben, macht Jesus klar, dass es ihm um die beständige Verbundenheit mit uns geht und nicht um ein unangefochtenes Heilsein, das uns autark stark sein lässt. Nur verbunden mit dem Weinstock kann die Rebe lebendig sein und wachsen und Frucht bringen. Unverbunden geht sie ein.

Ein Stück heiler werden

Wie aber können wir auf Erden heiler und liebesfähiger werden? Was können wir dazu tun? Und wie genau sieht diese Heilung und Transformation unserer Kernverletzungen aus?

1. Wir benennen unsere Antreiber und Kernverletzungen

Der erste Schritt ist es, tapfer unseren Antreibern als Überlebensstrategien auf die Spur zu kommen. Wir trauen uns, diese beim Namen zu nennen. Das kann uns extrem schwerfallen, weil unser innerer Spiegel und innerer Richter verrückt spielen, wenn wir unseren ehrlichen Herzensregungen, Gedanken, Emotionen und schließlich tiefsten Kernverletzungen auf die Spur kommen wollen. Das, was wir da entdecken, ist so schmerzlich und rational nicht zu verstehen, dass es aus Sicht dieser Instanzen völlig abzulehnen ist. Deshalb haben wir diese Botschaften ja auch jahrzehntelang verdrängt. Dennoch sind sie da. Und gerade deshalb leiten uns diese »schützenden Antreiber«. Wir dürfen es lernen, in den inneren Kämpfen wahrhaftig zu werden und Jesus dabei an unserer Seite zu wissen.

In Hesekiel heißt es: »Ich will das Verlorene wieder suchen und das Verirrte zurückbringen und das Verwundete verbinden und das Schwache stärken« (Hesekiel 34,16). Das ist Jesu Absicht auch in unserem Leben und er begegnet allen Anteilen in uns, gerade den verlorenen, voller Barmherzigkeit. Wir dürfen uns von seiner Barmherzigkeit für uns anstecken lassen.

Wenn wir uns unseren Antreibern verweigern und ihnen nicht mehr folgen, spüren wir die Schmerzen, die unsere darunterliegende Kernverletzung verursacht, erneut mit aller Wucht. Vielleicht werden wir davon sogar regelrecht überflutet. Das ist schwer, doch von diesem Schmerz, den wir dann spüren, dürfen wir uns an Gott wenden. Ohne in die Schutzmechanismen zu fliehen, erbitten wir, von Jesus gerettet zu werden. Manchmal geschieht diese Rettung nicht umgehend und so, wie wir sie uns vorstellen. Und doch ist es meine Erfahrung, dass Jesus uns nicht hängen lässt, wenn wir uns demütig und bedürftig an ihn wenden. Ich habe es immer wieder erlebt, dass Gott mich zur rechten Zeit tröstete wie einen seine Mutter tröstet (Jesaja 66,13).

In der Bibel heißt es wiederholt: »Fürchte dich nicht!«[34] Warum wird uns dies so oft zugesprochen? Weil wir Menschen uns so häufig fürchten und weil wir Jesu Rettung immer wieder neu nötig haben. Auch und gerade wir, die wir Jesus schon lange kennen.

Zur Heilung und Transformation unserer Kernverletzungen gehört noch ein zweites: Wenn wir versuchen, unsere Lebenswunden durch andere Menschen zu heilen, überfordern wir die anderen und missbrauchen sie zu unserer »Heilung«. Wir sind in bestimmten Situationen dann nicht angemessen und liebevoll präsent. Wir begegnen dem anderen nicht von Mensch zu Mensch, sondern eher von Mensch zu »Ding«. Der andere ist unser Objekt geworden, von dem wir etwas erzwingen wollen. Oft geschieht dies subtil manipulierend und nicht offen ausgesprochen. Wir klagen an, betteln, manipulieren, verdrehen, überfordern, missbrauchen und verwirren den anderen. Nicht immer, aber immer mal wieder.

Auf diese Weise werden wir durch unsere Wunden auch zu Tätern. Und deshalb heißt der zweite Schritt:

2. Wir erkennen an, wo wir andere zu unserer »Heilung« missbraucht haben und wo wir zu Tätern geworden sind.

Uns diesem Part der Heilung zu stellen und uns diese Tatsache einzugestehen, fällt uns extrem schwer. Vielleicht denken wir: »Aber ich war doch Opfer! Ich habe gelitten! Mir wurde unrecht getan!« Doch wir blenden mit dieser Sichtweise die Tatsache aus, dass wir, vermutlich schon seit Jahrzehnten, ebenso zu Tätern und schuldig geworden sind.

Wirkliche Wandlung und Heilung erfahren wir erst, wenn wir uns auch unserer Täterschaft stellen und uns eingestehen, wo und wie wir an anderen schuldig geworden sind. Wenn wir unnachgiebig ehrlich werden und zugeben, dass das System, unter dem wir so gelitten haben, heute auch in uns lebendig ist und durch uns andere drangsaliert.

Wirkliche Wandlung und Heilung erfahren wir erst, wenn wir uns auch unserer Täterschaft stellen.

Wenn du nun unmittelbar denkst: »Bei mir ist das aber nicht so!«, dann bitte ich dich innezuhalten und dich zu fragen: Was würden wohl mein Freund, meine Ehefrau, meine Kinder oder andere mir nahe stehende Menschen sagen? Vielleicht möchtest du sie fragen.

Ein Beispiel aus meinem eigenen Leben: Von Kindheit an hatte ich ein schwieriges Verhältnis zu meinem Vater. Er gehört ja zur Kriegsgeneration, die viel Traumatisches erlebt hat und deren ganze Kraft ins Überleben und in den Wiederaufbau unseres Landes ging.

Von klein auf habe ich unter dem manipulativen Verhalten meines Vaters gelitten. Wie oft stellte er uns Kindern eine offene Frage und erwartete dabei gleichzeitig, dass wir erahnten, worauf er hinauswollte, und sie in seinem Sinne beantworteten. Wenn das nicht der Fall war, reagierte er ärgerlich und drückte seinen Willen durch. Regelmäßig habe ich als Jugendliche dagegen rebelliert und gekämpft.

Jahrzehnte später erkannte ich in einer eigentlich kleinen Sache plötzlich glasklar: Wenn sich ein wichtiges Vorhaben oder Ziel nicht in meinem Sinne entwickelt, dann manipuliere ich, verdrehe Wahrheiten und versuche, die Beteiligten zu meinen Zielen zu drängen. Das mache ich versteckt und subtil. Andere durchschauen das meist nicht. Sie fühlen sich vielleicht unwohl, irgendwie unfrei. Oft komme ich mit dieser Taktik zu meinem Ziel. Das war mir bis zu diesem Tag nicht bewusst gewesen. Diese Einsicht fühlte sich so scheußlich an, so wenig kompatibel mit meinem inneren Spiegel, dem Ideal, das ich von mir hatte, dass ich sie am liebsten sofort wieder in die Tiefe meines Seins verdrängt hätte. Und gleichzeitig wurde mir schlagartig klar: »Ich bin wie mein Vater! Ich verhalte mich wie er! Wie entsetzlich!!!« Wie schwer fiel es mir, dieses Muster meiner geistlichen Begleiterin mitzuteilen. Und wie tröstlich waren dann ihre Worte: »Birgit, du bist *manchmal* wie dein Vater!«

Auch ich bin als Mutter an meinen Kindern schuldig geworden. Während eines klärenden Gesprächs mit einem meiner erwachsenen Kinder meinte dieses: »Mama, ich habe einfach keinen Bock mehr, dich immer wieder bestätigen zu müssen! Ich weiß, dass du da als Kind einen Mangel hattest. Aber mich nervt das total!«

Ich war völlig schockiert, das zu hören, und wäre am liebsten unmittelbar dagegen angegangen und hätte gekontert: »Das stimmt doch gar nicht!« Ich wollte es nicht wahrhaben. Doch nach einem Stoßgebet konnte ich ruhig und aufmerksam nachfragen und hinhören. Und schließlich zugeben: Ja, das Kind hatte recht. Es stimmte! Ich war an meinem Kind an dieser Stelle schuldig geworden und konnte es nun um Vergebung bitten und mich zu diesem Muster stellen.

Das war alles sehr schmerzhaft – so wie immer, wenn unsere Egozentrik entlarvt, benannt und als Schuld bekannt wird. Das fühlt sich dann wie ein Sterben an, und das ist es auch. Jesus sagte: »Wenn das Weizenkorn nicht in die Erde fällt und stirbt, bleibt es allein. Wenn es aber stirbt, bringt es viel Frucht« (Johannes 12,24). Das Sterben ist nötig, damit sich neues Leben und Lebendigkeit ausbreiten und gute Frucht wachsen kann.[35]

In den kommenden Monaten bemerkte ich, wie ich in Gesprächen oder Messenger-Nachrichten immer wieder genau auf diese Bestätigung aus war. Diese Einsicht ärgerte und frustrierte mich zunächst enorm und ich versuchte, mich mit dem Satz zu beschwichtigen: »Ach, ich will doch nur meine Freude teilen.« Doch wenn ich dann innehielt und mir meiner wirklichen Motive in der Tiefe gewahr wurde, musste ich mir eingestehen: »Nein, hier geht es nicht nur darum, eine Freude zu teilen. Ich will auch meine Leistung/meine Stärke/meinen Wert präsentieren. In der geheimen Herzenskammer erwarte ich eine bestimmte Antwort der Bestätigung. Jap.« So war es, eine schmerzliche Einsicht. Wenn ich mich dann demütig dazu stellte und auf den Kommentar verzichtete, fühlte ich mich einen Moment lang wertlos, leer und orientierungslos, bis sich der Nebel wieder lichtete.

Wenn sich eine solche Sündeneinsicht einstellt, schäme ich mich zunächst abgrundtief. Und manchmal steigt in mir die Frage auf: »Und du, Jesus … Hast du das schon immer gewusst? Hast du mich an dieser Stelle schon immer durchschaut?« Und dann sitze ich mit dieser Frage vor Gott und spüre nur Erbarmen, Freundlichkeit und Wohlwollen. »Wie kann ein Gott so barmherzig sein, all meine

Abgründe so tief zu durchschauen, und … in Liebe und Geduld warten, bis ich fast 60 Jahre alt bin, um mich dem zu stellen? Ich meine, wie kann man solch ein Gott sein? Das ist ja einfach undenkbar – für … ja … für mich.« Und ich erahne wieder, dass Gott nicht die bessere Ausgabe meiner Selbst an einem guten Tag ist, sondern der ganz, ganz Andere, der liebt ohne Ende. Der sich immer wieder schenkt und durch meine Abgründe hindurch in mir sein geliebtes Kind sieht.

> Ich erahne wieder, dass Gott nicht die bessere Ausgabe meiner Selbst an einem guten Tag ist.

In dieser Liebe gehalten kann ich Buße tun. Zunächst vor Gott. Und dann bei dem Menschen, den ich aufgrund meiner Lebenswunden verletzt habe: Häufig ist das mein Mann, aber es sind auch meine Kinder, Teammitglieder im Gemeindeleitungsteam und Freundinnen.

Auch die Beziehung zu diesem Kind hat sich seit dem Gespräch vertieft und neuer Freiheit und Freude Raum geschaffen.

Sobald Licht ins Dunkel kommt, ist der Automatismus der Kernverletzung durchbrochen. Gott erweist sich in diesen Situationen als der gute Hirte, der uns trägt und heilt und die Wunden verbindet. Und dann geht der Prozess der Transformation weiter, sodass wir auch erkennen, wo wir selbst zu Tätern geworden sind und schuldig wurden an Mitmenschen und an Gott. Wir übernehmen die Verantwortung dafür, reden uns nicht länger raus und schieben es auf die Umstände. Nein, wir tun Buße, wir kehren um und gehen dann wieder froh unseres Weges, weil wir ja Sünder sein dürfen und weil wir wissen, dass die Welt nicht untergeht, wenn wir zurück in unsere alten Muster fallen. Sonst wäre sie bei mir schon oft untergegangen … Nein, wir sind unvollkommen wertvoll und geliebt und wir dürfen unterwegs sein. Alles ist gut.[36]

IMPULS

- Welche Herzensregungen habe ich beim Lesen dieser Beispiele gespürt? Welche eigenen Erlebnisse sind mir in den Sinn gekommen? Inwieweit könnten sie mit dem Thema dieses Kapitels zu tun haben?
- Kann ich mir vorstellen, meinen Mut zusammenzunehmen und meine Freundin, meine Ehefrau, meine Kinder oder Eltern fragen: »Sag mal: Unter welchen meiner Macken leidest du immer mal wieder? An welcher Stelle hast du den Eindruck, dass mich eine Minderwertigkeit oder ein Defizit antreibt? Wann und in welchen Situationen gebe ich dich nicht von Herzen frei für dein Leben?«

Annehmen statt loswerden

Es ist Gute Nachricht, dass die Heilung schon beim Erspüren der Kernverletzung beginnt. Dann, wenn wir bemerken: Da ist etwas in der Tiefe meines Seins, das zu mir gehört. In manchen psychologischen Schulen nennt man dies das verletzte innere Kind. Es kann uns tief ergreifen, wenn wir in Kontakt mit diesen tiefen Herzensanteilen in uns kommen. Und schon im Wahrnehmen und »Wahrsein-Lassen«, im Annehmen dieser Kernverletzung, beginnt die Heilung. Wir spüren, dass das zu uns gehört. Und dass wir uns mit diesem inneren Kind versöhnen und als Mensch ganz und lebendig fühlen dürfen. Wir atmen auf. Alles darf sein. Das Verletzte darf wirklich sein. Wir dürfen sein, so sein, wie wir sind.

Im ersten Kapitel habe ich davon berichtet, wie es zu meiner Sabbatzeit kam. Letztlich legte ich für neun Monate alle Mitarbeit in meiner Gemeinde nieder und reduzierte meine berufliche Tätigkeit auf die Hälfte. In den vielen freien Zeiten kamen schmerzliche Themen und Wunden von früher wieder an die Oberfläche: Leistungssucht, Geltungssucht, Verlassenheitsängste und anderes. Eine Schicht nach der nächsten zeigte sich. Es schien gar nicht mehr aufzuhören.

Immer wieder nahm ich frustriert zur Kenntnis, wie mein früheres Konzept, dass geistliches Wachstum eine stetige Heilung und Verbesserung mit sich bringen würde, zusammenbrach, denn dieses oder jenes Thema hatte ich doch schon mehrfach in Seelsorge und Therapie bearbeitet. Warum verschwand es nicht einfach?

Diese Fragen bewegten mich auch während meiner Ausbildung zur geistlichen Begleiterin. Wir hatten die Möglichkeit, durch ein Labyrinth[37] zu gehen, während wir ein persönliches Thema bedachten. Ich war skeptisch. Was sollte denn dabei schon passieren? Nun, ich wollte es einmal ausprobieren und so ließ ich mich darauf ein. Während des Gehens durch das Labyrinth sollten wir unser Thema quasi »im Herzen halten« und dann wahrnehmen, was Gott damit machte.

Mir waren zuvor einige Kernverletzungen und Antreiber meines Lebens, die ich endlich einmal bewältigen und abhaken wollte, in den Sinn gekommen. Ich hatte lange hin und her überlegt: Welches von diesen sollte ich mitnehmen? Welches war »das Schlimmste«?

Ich entschied mich für ein Thema und wollte gerade ins Labyrinth eintreten, als ich in meinem Inneren einen anderen Impuls vernahm: »Birgit, es geht nicht ums Loswerden, sondern ums Annehmen. Nimm sie alle mit und lass es dir schenken, sie anzunehmen.« Ich wusste umgehend: Das war von Jesus. Das hätte ich mir selbst nie so ausgedacht!

Und dann ging ich, Schritt für Schritt. Und spürte meine tiefen Lebenswunden und süchtigen Antreiber. Ich empfand erneut tiefen Schmerz. Und doch nahm ich zeitgleich eine andere Herzensregung wahr: tiefen, herrlichen Trost! Ich spürte Jesu Liebe, die zu eben diesen Wunden floss. Und so ging ich weiter, Schritt für Schritt. Langsam, aufmerksam, nach innen spürend, in Bewegung. Immer mehr Trost erreichte mein wehes Herz. Und dann … In der Mitte warteten Kurs-Kameraden und gaben mir Brot und Wasser … Am Morgen hatten wir in der Andacht vom erschöpften Elia gehört, der vom Engel auf diese Weise versorgt worden war. Wie tröstlich erlebte ich das mitten in meine tiefe Not hinein. Der Trost war für mich körperlich spürbar und so stand ich einige Minuten im Zentrum des Labyrinthes, obwohl es regnete. Alles war gut. Gott war da.

Mir wurde deutlich: Von Zeit zu Zeit brauche ich dieses tiefe, erneute Berührtwerden von Jesus an meinen Lebenswunden und Antreibern. Immer wieder hoffe ich, dass sie doch »einfach verschwinden«, aber wenn es so scheint, als hätten sie das getan, sind sie oft nur aus meinem Bewusstsein weg, doch in der Tiefe meines Seins übernehmen sie zeitgleich unbemerkt wieder die Steuerung meines Lebens. Wenn ich sie jedoch immer wieder neu an Jesu Herz lege und nicht verleugne, dann sind sie eingebettet in göttlichen Frieden. Und dann geschieht manchmal das Wunder, dass gerade von ihnen aus meine tiefste Liebe zu Gott hinfließt. Dann erfüllt mich dieses Staunen, inmitten dieser Not doch gehalten und geliebt und sicher zu sein. Und allmählich begreife ich, dass genau das die Heilung ist, die Jesus uns hier auf Erden schenkt.

Es ist wohl eher so, dass unser geistliches Leben einer Wendeltreppe ähnelt. Immer und immer wieder begegnen uns unsere alten Lebensthemen. Vielleicht irgendwann erschreckend zum ersten Mal und dann hier und da. Ja, einiges heilt, anderes wächst sich mit der Zeit aus, doch manches tragen wir ein Leben lang mit uns herum. Und wir dürfen wie Paulus lernen, uns unserer Schwachheiten zu rühmen, weil dann die Kraft von Christus in uns wohnt (nach 2. Korinther12,9) und durch uns zu anderen hinfließt.

Zu unserem wahren Selbst, zu dem, wer wir wirklich in Christus sind, gehören unsere Wunden. Julian of Norwich, eine englische Mystikerin, sagte sogar: »Unsere Wunden, *das* sind unsere Trophäen!«[38] Sie sind das »Loch in der Seele«, durch die das Licht und das Leben Gottes, der in uns lebt, herausscheinen.

> Unser geistliches Leben einer Wendeltreppe ähnelt.

Und so geschieht das Unglaubliche: Unsere Wunden werden zum Einfallstor der Liebe Gottes in unsere Herzen. Durch sie spüren wir existenziell den Trost und die Liebe Gottes, ohne die wir nicht mehr leben wollen und können. Nur in der Verbindung mit Christus fühlen wir uns authentisch und ganz, geheilt, *tamim*, verbunden. Und so wird uns die Kernverletzung letztlich zum Segen.

Und sie wird auch anderen zum Segen, denn durch unsere Wunden strömt auf unerklärbare Weise die Liebe Gottes zu anderen. Hier wird unser Charisma geboren. Die tiefe Not, von Jesus heilend berührt, wird zum Ort der Gottesbegegnung für andere. Und wir erleben das, was Paulus in 2. Korinther 1,3-4 so formuliert: »Gott tröstet uns in aller Trübsal, damit wir auch trösten können, die in allerlei Trübsal sind, mit dem Trost, mit dem wir selber getröstet werden von Gott.« Der Autor Henri Nouwen sprach in diesem Zusammenhang von »verwundeten Heilern«. Und Richard Rohr fügt hinzu: »Und das sind vermutlich die einzigen Heiler, die es hier auf Erden gibt.«[39]

Das ist Gottes Absicht und Ziel: dass wir tief verbunden mit ihm leben. Für Verbundenheit mit Gott sind wir geschaffen. Wenn wir unsere Kernverletzungen annehmen, wird man uns das abspüren. Menschen nehmen wahr, dass wir zu uns gefunden haben und versöhnt mit uns sind, und sie werden ermutigt, sich ebenfalls mit sich selbst zu versöhnen.

IMPULS

- Welche Ahnungen und Gedanken haben sich bei mir spontan eingestellt, während ich dieses Kapitel gelesen habe?
- Wenn ich die Liste auf S. 104 auf mich wirken lasse – was berührt mich innerlich?
- Was sind meine Kernverletzungen und tiefsten Lebenswunden? Diese können aus der Kindheit stammen oder auch im Laufe des Lebens entstanden sein.
- Wann und wo habe ich es schon einmal erlebt, dass Jesus mich tief an genau diesen Wunden erreicht, berührt und getröstet hat?
- Bei wem und wie habe ich schon versucht, diese Wunden zu heilen? An welcher Stelle bin ich zur Täterin geworden?

In diesem Kapitel haben wir unsere tiefen menschlichen Nöte in den Blick genommen. Es ist nicht einfach, darüber zu schreiben, und nicht einfach, sie beim Lesen an uns heranzulassen. Nicht immer ist der Zeitpunkt da, uns mit ihnen auseinanderzusetzen, und es ist keine Sache, die wir in wenigen Tagen abhaken. Es geht eher darum, sensibel dafür zu werden und uns für das Thema zu öffnen.

»Ist das Leben wirklich so schwer?«, denkst du vielleicht. Oder auch: »Wozu ist es nötig, dass wir uns diesen schmerzlichen Prozessen zuwenden?« Im nächsten Kapitel möchte ich aus der Lebenspraxis heraus aufzeigen, wie lebensfördernd und letztlich in die Freude führend diese Prozesse sind.

Kapitel 7

TIEFE HERZENSKLÄRUNG: LIEBEN LERNEN KONKRET

In diesem Kapitel nehmen wir die Muster, die sich bei uns entwickelt haben und mit denen wir uns jenseits von Jesus abzusichern versuchen, in den Blick. Sie entfremden uns von uns selbst, von anderen und von Gott. Welche desaströsen Auswirkungen das hat, zeigen die Beispiele aus meinem Leben. Doch wir dürfen uns von diesen Mustern erlösen lassen. Wir dürfen sie mutig erkennen, benennen, bekennen und auf sie verzichten lernen. Dies bleibt ein Prozess, der hier auf Erden nicht aufhört.

Wir alle haben Muster aufgebaut, damit wir irgendwie selbst klarkommen, stark sind, überleben. Das liegt in unserer gefallenen menschlichen Natur. Für diese Muster sind wir zunächst einmal blind und erkennen sie nicht. Ja, wir haben den Eindruck, so zu leben, wie wir leben, sei normal. Gewissermaßen stimmt das auch, denn wir sind es ja gewohnt. Nur so kennen wir uns. Doch es ist nicht normal im Sinne Gottes. Er hat sich unser Menschsein anders gedacht.

Die uns leitenden Muster sind in unserer »Selbst klarkommen müssen«-Struktur verankert und aus ihnen erwächst keine gute Frucht. Wir werden nicht ständig von ihnen geleitet, aber immer mal wieder. Den Menschen, die uns gut kennen, sind diese Muster bei uns vertraut, weil sie sie in vielen Situationen mit uns erlebt und darunter gelitten haben. Letztlich sind sie Ausdruck unserer Verkrümmung auf uns selbst, unserer *curvatio*. Wir versuchen, aus uns selbst heraus unser Wohlsein abzusichern.

Unsere Muster kreisen um folgende Fragen:

- Was brauche ich, um glücklich zu sein? Und wie kann ich genau das kriegen?
- Was sollen andere in mir sehen? Was ist mein Image? Wie will ich vor mir selbst dastehen? Was erlaube ich mir zu sehen und was auch nicht? Wie will ich, dass Gott mich sieht? Wie will ich gerne sein und wie auf keinen Fall?
- Wie richte ich mein Leben so ein, dass ich meine Kernverletzungen am wenigsten spüre?

Der Franziskanerpater Richard Rohr sagt:

> Wir alle sind Süchtige. Sucht ist in den Menschen angelegt. Es ist eine moderne Bezeichnung und ehrliche Beschreibung dessen, was die Bibel »Sünde« und die Christen des Mittelalters »Leidenschaften« oder »Verhaftungen« (in den je eigenen Mustern) nannten. Veränderung hat wenig mit Intelligenz, Willenskraft oder Perfektion zu tun. Stattdessen beruht sie auf ehrlicher Demut, Bereitwilligkeit und Hingabe … Die Frage für jeden von uns ist nicht, ob wir süchtig sind, sondern in welcher Weise und wonach wir süchtig sind. Die Weigerung, die Existenz der eigenen Sucht anzuerkennen, ist kein

Zeichen von moralischer Leistung, sondern ein Zeichen von Blindheit.[40]

Wir alle sind süchtig

Wenn wir uns ehrlich der inneren Arbeit und Verwandlung durch Jesus stellen, werden wir uns irgendwann eingestehen: »Ja, ich bin nicht frei, sondern gebunden. Ich bin süchtig und abhängig.« Wir können dann mit Paulus sagen: »Ich verstehe selbst nicht, warum ich so handle, wie ich handle. Denn ich tue nicht das, was ich tun will; im Gegenteil, ich tue das, was ich verabscheue … Obwohl es mir nicht am Wollen fehlt, bringe ich es nicht zustande, das Richtige zu tun« (Römer 7,15.18; NGÜ).

> Ich bin nicht frei, sondern gebunden. Ich bin süchtig und abhängig.

Paulus gesteht sich ein, dass er nicht Herr seiner Lage ist und nicht dem folgt, was er eigentlich will. Ich habe diese Beschreibung früher als Zwischenstadium für junge Christen angesehen, sozusagen als Übergangszustand kurz nach der Bekehrung, bevor man dann in das siegreiche Leben im Geist eintritt. Das sehe ich heute anders. Sowohl bei mir selbst als auch bei ausnahmslos allen Menschen, die ich näher kennengelernt habe, entdecke ich die Neigung zum Reden und Handeln nach süchtigen Mustern, auch wenn man das eigentlich gar nicht will.

Wie kann sich die Abhängigkeit und Sucht konkret zeigen? Sie hat viele Formen. Die folgenden begegnen mir sehr häufig: Geltungssucht, Beziehungssucht (also die existenzielle Abhängigkeit von einem anderen Menschen), Leistungssucht, Ehrgeiz, Konkurrenz und Rivalität, Imagesucht, Sucht, sich als Opfer zu sehen, Kontrollsucht, Geldgier, Habsucht und andere.

Es ist mir nach jahrzehntelangem Ringen um geistliches Wachstum extrem schwergefallen, mir einzugestehen, dass diese Liste tatsächlich auch mich selbst beschreibt. Alle hier aufgelisteten Süchte sind mir bekannt. Wenn ich früher ab und zu sündige Muster in meiner geistlichen Begleitung angesprochen hatte, schien mir dies eher die krisenhafte Ausnahme zu sein, die beseitigt werden musste, damit ich danach wieder moralisch einwandfrei meiner »geheiligten Wege« gehen konnte.

Doch in meiner Sabbatzeit vor ein paar Jahren begann ich mit steigendem Entsetzen zu beobachten, dass all diese süchtigen Verhaltensmuster immer wieder Besitz von mir ergriffen. Als mir in dieser Zeit die Zeitschrift Aufatmen in die Hände fiel, fühlte ich mein tatsächliches Erleben vom Verleger Uli Eggers wortwörtlich beschrieben:

> Verletzungen, Lebenswunden, Schwächen, die sich verfestigt haben und eine Art Eigenleben entwickeln, sich von meiner Bewussteinsebene lösen und (eigentlich gegen meinen Willen, impulshaft …) sich einmischen und ein Eigenleben entfalten. Da sind verborgene, dunkle, herunterziehende Kräfte in mir. Ich lasse mich in Besitz nehmen von einem versteckten Impuls, den ich oft gar nicht bewusst steuern kann – oder der schneller ist als mein bewusstes Wollen. Das ist … Zeichen einer gefallenen Welt, in der wir aus falschen Stärken, aus Verletzungen und Wunden leben oder uns treiben lassen. Über die hat sicher der Heilige Geist Kraft – wenn wir ihn im Sinne eines heilenden Prozesses der Nachfolge und des Sich-Ausliefern herrschen lassen. Das eben sehe ich als Aufgabe des Älterwerdens, der Nachfolge Jesu, der Heiligung in ihm.[41]

Immer wieder las ich diesen Text, weil ich mich so gut damit identifizieren konnte. Ja, ich war und ich bin eine Süchtige in Besserung. Und wieder gibt es keine Tipps, um all das schnell loszuwerden, zu heilen, zu verändern. Sondern der Weg geht dahin, innerlich darin einzustimmen, Sünderin und Heilige zu sein und aus der Gnade Gottes und seinem Erbarmen – nicht aus der eigenen Vollkommenheit – zu leben.

Der Mystiker Bernhard von Clairvaux betonte im 12. Jahrhundert, wie wichtig es ist, sich einzugestehen, dass wir mit der eigenen Willenskraft allein nicht weiterkommen, wenn wir uns immer wieder von uns selbst entfremden oder uns zerfleischen. Stattdessen müssen wir uns unserer Erbärmlichkeit und unserer Illusionen über uns bewusst werden. »Aber macht denn die Armut den Menschen glücklich?«, fragt er dann und antwortet direkt: Nein, »nicht die Armut, sondern das Erbarmen (Gottes) macht glücklich, aber der Wohnort des Erbarmens (Gottes) ist die Armut. Ja, sogar die Armut selbst macht glücklich, wenn die Erniedrigung sich in echte Demut verwandet … Nützlich ist folglich ein Kranksein, das nach der Hand eines Arztes suchen lässt.«[42]

Ich liebe diese Beschreibung und halte sie für sehr bedeutsam: Der Wohnort für Gottes Erbarmen ist meine Armut. Sie zeigt sich in dem demütigen Eingestehen: »Gott, ich brauche dich!« Demut ist ein altes Wort, mit dem ich früher nichts anfangen konnte. Doch allmählich eröffnet es sich mir.

Ich schrieb einmal überschwänglich in mein Tagebuch:

> Ja, die Demut macht wirklich glücklich! Ich bin so erleichtert, weil ich in der Haltung der Demut nicht mehr »toll« sein muss. Dann erlaube ich mir, so zu sein, wie ich wirklich bin, weil ich tatsächlich nur von Gottes Erbarmen

leben kann. In diesen Momenten ist die Isolierschicht von Selbstgerechtigkeit, Dünkel, Überheblichkeit und Arroganz weg – gegenüber Gott, mir selbst und anderen. Es fühlt sich so frei und leicht und richtig an!

Wenn ich in der Demut bin, habe ich nichts mehr zu verteidigen und muss kein Image und keinen selbst aufgestellten Anspruch bedienen. Ich kann endlich uneingeschränkt zu mir selbst stehen. Mit diesem Ja zu mir und meinen inneren Reaktionen, meiner Gefährdung, meiner Suchtgefahr kann ich – endlich – ganz unvoreingenommen alles wahrnehmen und in die Klärung meines Lebens mit einfließen lassen, um den Weg der Liebe zu finden.

Gott lieben

Anstatt unabhängig stark und perfekt zu sein, sind wir von Jesus dazu berufen zu lieben. Auf die Frage, was denn das höchste Gebot sei, antwortete Jesus (nach 5. Mose 6,5): »Du sollst den Herrn, deinen Gott, lieben von ganzem Herzen, von ganzer Seele und von ganzem Gemüt«[43] (Matthäus 22,23). Und dem reichen Jüngling gibt er zur Antwort: »Du sollst deinen Nächsten lieben wie dich selbst« (Matthäus 19,19b).

Anstatt unabhängig stark und perfekt zu sein, sind wir von Jesus dazu berufen zu lieben.

Man nennt dies das »Doppelgebot der Liebe«, und doch ist es ein Dreifachgebot, weil es ja heißt: »... wie dich selbst«. Wir dürfen in allen drei Weisen zu lieben wachsen und weil wir ja nur das eine Herz haben, muss und wird das Lieben sich immer auf alle drei Aspekte auswirken: auf unsere Liebe zu Gott, zu uns selbst und zu anderen. Wir können gar nicht in der einen Liebe wachsen und in der anderen zurückbleiben. Das Herz entwickelt sich als Ganzes.

Was aber heißt das? Früher dachte ich, es ginge darum, während meiner Stillen Zeit besonders geheiligte Gefühle Gott gegenüber zu haben. Und das stimmt auch – zum Teil. Ja, die Liebesbeziehung zu Gott darf beinhalten, dass wir Gott wirklich lieb haben und ihn mögen und seine Liebe in unseren Herzen spüren. Und doch geht das Liebesgebot weit darüber hinaus und bezieht unser gesamtes Leben mit ein. Es gibt keinen Bereich und keinen Moment, der außen vor wäre. Welcher sollte das auch sein? Der Umgestaltungsprozess betrifft unser persönliches Leben, unsere Beziehungen zum Ehepartner, zu Kindern, Freunden, Kollegen, Klienten, Gemeindeleuten, Nachbarn. Also unser ganzes Dasein mit allen Lebensbezügen.

Jesus beruft uns zur Liebe. Das ist unsere tiefste Lebensaufgabe, wie es auch Ulrich Dobhan und Reinhard Körner beschreiben:

> Es kommt darauf an, himmelsfähig zu werden, sich einzuleben in das bereits begonnene, der Vollendung harrende Reich Gottes, d. h. beziehungsfähig zu werden nach dem Maße Gottes, beziehungsfähig zu Vater, Sohn und Geist, zu jedem Mitmenschen, zu aller Schöpfung … so zuwendungs- und liebesfähig (zu werden) wie Gott, so wahr, so kreativ.[44]

Die tiefste Wahrheit über uns zu erkennen, ist »nicht immer angenehm, aber es ist immer gut; denn ohne wahrhaftige Erkenntnis (Gottes, der Welt und unserer selbst) können wir zwar freundliche Illusionen und Lebenslügen pflegen, aber die sind letztlich für niemanden gut, sondern immer und überall und für alle ruinös«[45] – so bringt Professor Wilfried Härle diesen Prozess auf den Punkt.

Wie aber können wir das konkret einüben? Wie können wir beziehungsfähig werden und lieben – Moment zu Moment, Situation zu Situation? Und welche Bedeutung hat dabei die tiefe Herzensklärung, um die es in den letzten Kapiteln ging? Wie können wir verbunden mit Jesus nach diesem Weg der Liebe suchen und tapfer leben? Im Großen und im Kleinen – von beidem möchte ich berichten:

Herzensklärung »im Großen«: in der Gemeindeleitung

In meiner Gemeinde, einer Freikirche in Köln, kam es zehn Jahre nach der Gründung zu einem Umbruch in der Gemeindeleitung. Bis dahin waren wir vier Paare gewesen. Die Ankündigung eines der Paare, die Leitung aus völlig verständlichen Gründen verlassen zu wollen, löste in mir, wie ich es im Team formulierte, »Unbehagen« aus. Doch in den nächsten Tagen bemerkte ich, dass es mehr war als das: eine innere, bedrängende Not.

In den folgenden Wochen spürte ich diese Not, ja, einen inneren Schmerz, und erkannte, dass ich mir – unbewusst – erhofft hatte, dass diese vertraute Gemeinschaft auf Dauer bestehen würde. Ich war tief erschüttert und bemerkte, wie bedrängt und unfrei ich an die Zukunft der Gemeindeleitung dachte. Ja, innerlich verspürte ich den Kontroll-Drang, dass sich das auf keinen Fall ändern dürfte! Ich musste alles in meiner Macht Stehende tun, um diese Veränderung zu verhindern. Und schon fielen mir »vernünftige« Argumente und Strategien ein, die meine bedrängenden Herzensregungen wieder beruhigten. Es würde sich schon ein Weg finden, damit das Paar im Team bliebe – wir würden die beiden von bestimmten Leitungsaufgaben entlasten und ein paar Umstrukturierungen vornehmen.

Wieder einmal erlebte ich Jesus nicht als denjenigen, der meine egozentrischen Gebete in meinem Sinne erhörte und meine Not beendete, sondern ganz im Gegenteil: Ich erlebte ihn [Jesus] als denjenigen, der sanft darum warb, wahrhaftig zu werden und mich meiner großen Angst und meinem Schmerz zuzuwenden.

> Ich erlebte Jesus als denjenigen, der sanft darum warb, wahrhaftig zu werden und mich meiner großen Angst und meinem Schmerz zuzuwenden.

Wie gut war es, dass ich inzwischen wusste, dass es immer berechtigte Gründe gibt, wenn mich Angst und Schmerz überfluten. Und dass die Anklagen des inneren Richters: »Stell dich nicht so an!« oder: »Es ist doch alles gut!« nicht weiterhelfen würden. Nein, im Vertrauen auf Jesus durfte ich das große Weh zulassen. Ja, es gab und es gibt Gründe dafür, dass diese Emotionen aufkamen. Und ich besprach sie mit Jesus im Gebet: »Herr Jesus, wenn ich ehrlich bin, hatte ich gehofft, dass unser Leitungsteam immer so weiterbestehen würde. Hier habe ich Freundschaft und Heimat erlebt. Nun spüre ich in mir den starken Drang, alles daranzusetzen, dass sich die Sache in meinem Sinne entwickelt. Doch ich ahne, dass das nicht dein Weg ist. Bitte hilf mir, dir zu vertrauen und nicht mehr länger kontrollieren zu wollen, wie sich der Prozess zum Wohle der Gemeinde entwickeln wird … und zu vertrauen, dass du für mich sorgen wirst.«

Dieses Gebet berührte mich stark und Tränen flossen von ganz tief. Doch nur in dieser »Indifferenz«, wie Ignatius von Loyola es nannte, nämlich mit der »Freiheit zum Gegenteil«[46], würde ich in der Lage sein, gemeinsam mit den anderen wach und offen Ausschau zu halten, wie denn der Geist Gottes uns leiten würde. Ansonsten hätte ich zu Unklarheit und Verwirrung beigetragen. Ja, mein ungeklärtes Inneres hätte Einfluss auf die Entwicklung unserer Gemeinde und Gemeindeleitung ausgeübt. Wenn ich mich emotional sehr verknote, verzweifelt oder stark bedrückt bin, bin ich in der Regel bei meinem inneren Richter und inneren Spiegel gelandet oder, und das ist meist noch schmerzlicher für mich und zerstörerischer für die anderen, bei meinen Kernverletzungen.

In einer Stille Zeit konnte ich endlich in Worte fassen, was mich so bedrückte. Ich spürte eine frühe, tiefe Verlassenheitsangst. Meine unbewusste Erwartung, das Team würde unbegrenzt bestehen und mir auf immer Heimat sein, würde nicht aufgehen. Darüber spürte ich tiefe Traurigkeit.

Doch Jesus begleitete mich liebevoll in dieser schweren Zeit. Das wunderbare vierte Kapitel im zweiten Korintherbrief sprach tief in meine Seele hinein. Wenn ich diese Verse nicht nur auf Menschen beziehe, die sich im Martyrium oder in einem Unrechtssystem dieser Welt befinden, sondern auch auf einen Normalo-Menschen in Europa im 21. Jahrhundert, dann sind sie mir Trost und Geländer:

> Von allen Seiten werden wir von Schwierigkeiten bedrängt, aber nicht erdrückt. Wir sind ratlos, aber wir verzweifeln nicht. Wir werden verfolgt, aber Gott lässt uns nie im Stich. Wir werden zu Boden geworfen, aber wir stehen wieder auf und machen weiter. Durch das Leiden erfahren wir am eigenen Leib ständig den Tod von Christus, damit auch sein Leben an unserem Körper sichtbar wird (2. Korinther 4,8-10; NLB).

In dieser konkreten Situation konnte ich meine tiefe Lebenswunde spüren. Nun hielt ich inne und betete kindlich offen und vertrauensvoll: »Jesus, ich spüre gerade wieder meinen tiefen Schmerz. Bitte errette du mich! Eile du mir zu Hilfe! Halte mich fest, wenn sich der Boden unter mir auftut!«

Inmitten des Schweren atmete ich aber auch auf: Ich lebte nicht oben in meinem Eisberg ein »geheiligtes« Leben, während ich weiter unten krepierte. Nein, alles, auch das ganz Tiefe und Schwere, brachte ich vor Gott und erbat von ihm Rettung und Erlösung und Hilfe. Und dann nach einigen Tagen spürte ich, wie sich die Schwere lichtete und das Undenkbare denkbar wurde: Ja, das Paar durfte das Leitungsteam verlassen. Ich konnte das nun annehmen und wusste: Gott wird uns als restliches Leitungsteam weiter führen.

Im nächsten Leitungstreffen hörte ich mich sagen (und fühlte es auch so), dass Gott uns in diesem Leitungswechsel begleiten würde. Und ich konnte zu meiner Überraschung gelassen zur Kenntnis nehmen, dass auch ein zweites Ehepaar ankündigte, demnächst das Leitungsteam verlassen zu wollen. In diesem Moment spürte ich keine Panik und keinen Schmerz. Er kam zwar in den kommenden Monaten immer mal wieder zutage, und doch überflutete er mich nicht mehr so wie zuvor. Ich konnte ihn als eben das ansehen, was er war und was er ist: meine Lebenswunde »Verlassenheitsangst«, die unter bestimmten Umständen aufbricht und auch aufbrechen darf. Jesus ist mein Heiland. Und er ist derjenige, der mir hilft, mich mutig und tapfer meiner inneren Realität zu stellen, so wie sie wirklich ist – und nicht, wie ich erwarte oder hoffe, dass sie sein sollte.

Der Weg ins Leben geht immer durch meine Wirklichkeit, auch durch die, die ich schwierig finde und die mich schier zerreißt. Ich durfte wieder im Hier und Jetzt in die Gegenwart dessen treten, der mir zusagt: »Ich gebe euch (dir) meinen Frieden« (Johannes 14,27; NGÜ). Und der mich einlädt: »Bleib(t) in mir und ich werde in euch (dir) bleiben … Ich bin der Weinstock, und ihr seid die Reben« (Johannes 15,4a.5a; NGÜ). So spricht Jesus mir und uns allen zu: »Verbunden mit mir kannst du leben. Da erhältst du alles, was du zum Leben brauchst. Vertraue mir!«

In den kommenden Wochen zeigte sich eine nächste Seelenschicht im Blick auf den Leitungswechsel. Es wurde mir bewusst, was auf uns restlichen vier an Aufgaben zukommen würde. Und dann machte sich Panik in meiner Seele breit. Ich sah es doch rechts und links und auch in meinen Supervisionen, wie fordernd die Leitung einer Gemeinde war. Ich würde daran kaputtgehen! Auf keinen Fall würde ich weitermachen! Ich würde ebenfalls aussteigen. Hatte doch die Gemeindearbeit mit dazu beigetragen, dass ich vor meiner Sabbatzeit so völlig fertig gewesen war. Ja, ich musste mein inneres Leben mit Christus schützen. Ich musste nicht mehr »leisten« und mir und anderen nichts mehr beweisen!

> Der Weg ins Leben geht immer durch meine Wirklichkeit, auch durch die, die ich schwierig finde und die mich schier zerreißt.

Doch als ich das mit meiner geistlichen Begleiterin besprach, meinte diese: »Birgit, gehst du an Gottes Berufung kaputt oder an deinen Mustern?« Autsch, das wollte ich nun gar nicht hören. Und doch … In den kommenden Tagen traten mir meine Muster vor Augen: meine Tendenz zur Überverantwortung und Kontrolle, vor allem wenn es um Gemeinde oder Familie geht. Meine Tendenz, meine Kräfte zu überschätzen und in jede Leistungslücke zu springen. Oft zu denken: »Ach, das schaffe ich auch noch!« *Daran* würde ich kaputtgehen – und nicht an Gottes Berufung.

Gott leitet mich nicht über meine Muster. Die sind ihm eher im Weg und verhindern, dass ich wach auf den Heiligen Geist achte, der mich im Hier und Jetzt liebevoll leiten möchte. Nein, an Jesu Berufung würde ich nicht zerbrechen. Und so konnte ich einige Monate später mit einem Kreis von 18 Leuten unserer Gemeinde in einen offenen Leitungs-Struktur-Prozess gehen, mit der Bereitschaft, die Leitung der Gemeinde am Ende an andere abzugeben oder auch im neuen Leitungsteam weiter dabei zu sein, je nachdem, wie sich der Prozess entwickeln und was sich zeigen würde. Ich konnte den Wunsch nach Kontrolle abgeben, vorher schon wissen zu wollen oder zu müssen, wie sich der Prozess (in meinem Sinne) zu entwickeln hatte. Ich leitete ihn nicht, sondern brachte mich als normale Teilnehmerin hier und da mit ein.

Eines jedoch tat ich nicht, und das war entscheidend wichtig: Ich behinderte den Prozess nicht mit meinen Mustern und schmerzenden Kernverletzungen. Ich konnte Veränderungen zulassen und meine schmerzlichen Innenseiten in meiner geistlichen Begleitung und in der Stille klären. Am Ende formierten sich drei neue Leitungsteams heraus und Wolfgang und ich wurden gebeten, erneut Teil des geistlichen Leitungsteams zu sein. Da sind wir nun seit zwei Jahren dabei.

Auch der Wechsel vom alten zum neuen Leitungsteam fiel mir nicht leicht. Es war alles so anders! Ich vermisste die ehemaligen Mitleiter und das vertraute Miteinander und haderte damit, bis mir an einem Morgen ein Losungswort tief in mein Herz fiel: »Wer seine Hand an den Pflug legt und sieht zurück, der ist nicht geschickt für das Reich Gottes« (Lukas 9,62). Autsch. Das war ja genau das, was ich gerade tat: Ich sah zurück und wünschte mir, es wäre alles beim Alten geblieben. Doch Jesus lud mich ein, das wahrzunehmen und Buße zu tun. Diesen Anspruch loszulassen und weiterzugehen.

Dann spürte ich über Monate einen Druck, die neuen Teammitglieder auf unsere bisherige Leitungsteam-DNA einzunorden, bis ich bemerkte, dass ich auf Aussagen wie: »Also früher im alten Leitungsteam haben wir das immer so gemacht«, keine dankbaren Blicke erhielt. Ganz im Gegenteil: Es schien die anderen zu nerven. Und dann – endlich – fiel es mir wie Schuppen von den Augen: Die fünf »Neuen« hatten gar keine Lust, die Weisheit von »uns Alten« zu übernehmen, sondern wollten – welch Überraschung – selbst neu den Teamaufbau mitgestalten. Wenn ich das hier so schreibe, ist offensichtlich, wie wenig zielführend meine Kommentare waren, aber für den eigenen »Balken« ist man eben oftmals blind …

Ja, vielen von uns fällt die Veränderung von Vertrautem nicht leicht. Mir jedenfalls nicht. Erst, als ich mir das eingestand, konnte ich es im Gebet vor Jesus bringen und dann auch endlich ergebnisoffen mit allen anderen gemeinsam schauen, wie sich unser Team entwickeln würde. Hätte ich mich dieser Herzensklärung meiner Muster nicht gestellt, hätte ich großen Schaden in dem Gemeindeentwicklungsprozess und meiner Gemeinde anrichten können.

Und so greifen die tiefe Herzensklärung, unser konkretes Leben und unser Dienst für Jesus ineinander. Es geht nicht um fromme Nabelschau oder Selbstzerfleischung, sondern immer um die Nachfolge Jesu im Alltag und in unserem Dienst. Um die Auswirkungen, die es im Blick auf unser Sein, unsere Beziehungen zu Gott und anderen hat. Und das gilt nicht nur für die großen, bedeutsamen Situationen, sondern immer.

IMPULS

Wie bin ich nach dem Lesen gestimmt? Welches Wort, welcher Gedanke hat mich berührt?
Ist mir eine ähnliche Situation in den Sinn gekommen? Habe ich mich in ihr meinen Herzensregungen ehrlich stellen können oder nicht? Welche Auswirkungen hatte dies auf die Prozesse?
Wenn du möchtest, halte einige Momente inne und lausche auf dein eigenes Herz und auf das, was Gott dir jetzt sagen möchte.

Herzensklärung »im Kleinen und Alltäglichen«

Auch in den kleinen Herausforderungen des Lebens hilft es uns, offen und unvoreingenommen die Tiefen unseres Eisbergs zuzulassen, wie das nächste Beispiel zeigt:

Während eines Kurses gab es im Seminarhaus zum Frühstück selbst gekochte, herrliche Erdbeermarmelade – genau so, wie ich sie liebe. Beim ersten Gang ans Buffet deckte ich mich bereits ordentlich damit ein. Als ich dann ein zweites Mal gehen wollte, um für Nachschub zu sorgen, sah ich, dass Sabine etwas verspätet den Frühstücksraum betrat. Da wir gemeinsam eine Ausbildung absolviert hatten, wusste ich, wie sehr auch sie selbst gekochte Marmelade schätzte. Und es geschah etwas für mich Sonderbares: Ich spürte in mir den Wunsch, Sabine diese Erdbeermarmelade zu überlassen. Daher zog ich an dem Marmeladenglas vorbei und aß etwas anderes. Sabine entdeckte freudig die Reste und leerte das Glas.

Zurück an meinem Platz bemerkte ich etwas Erstaunliches: Ich sah, wie Sabine sich freute, und mein Herz hüpfte mit vor Glück! Ja, was war denn das? Ich hatte doch verzichtet. Ich bin in der Regel nicht gut im freiwilligen Verzicht. Als ich am Abend in der Stille jedoch nochmals auf diesen Tag zurückblickte, um die Momente von Trost und Trostlosigkeit in den Blick zu nehmen,[47] identifizierte ich eben diesen Moment als meinen lebendigsten, freudigsten Augenblick. Zu verzichten war ein Schritt in die Freude gewesen. Ich war »im Lieben« gewesen. Im Gönnen-Können. Das hatte mich froh gemacht.[48] Und wieder wurde mir klar, dass es so wichtig war, die eigenen Herzensregungen wahrzunehmen und im Stoßgebet mit Jesus zu klären. In Bezug auf alles – auch die vielen kleinen Begebenheiten unseres Lebens.

Beide Beispiele zeigen, dass Jesus uns aus unseren Abhängigkeiten und Absicherungsmustern, aus unserer *curvatio* herauslockt in ein Leben, das immer mehr von der liebenden Verbindung mit ihm und den Impulsen ins Leben, die der Heilige Geist schenkt, geprägt ist.

Dabei dürfen wir lernen, nicht mehr darüber zu erschrecken, dass uns die alten Muster noch in Herz und Hirn mitbestimmen. Wir dürfen es einüben, diese »alte Struktur« als solche zu benennen, ihr nicht mehr zu folgen und stattdessen aus der Verbindung mit Jesus zu leben.

Das ist der Weg, der sich mir gezeigt hat:

- wahrnehmen und erkennen,
- benennen (wie heißt das Muster genau?),
- bekennen (aussprechen vor Gott und bei hartnäckigen Mustern vor einem Menschen),
- auf die Muster verzichten lernen – mit Gottes Hilfe.

Dann kann Erstaunliches geschehen, in uns selbst und durch uns auch in unserem Umfeld. Um diese Auswirkungen geht es in Kapitel 9 und 10. Doch zuvor nehmen wir in Kapitel 8 konkrete geistliche Übungen in den Blick, die uns auf diesem Weg stärken und in Jesus gründen.

Kapitel 8

ÜBER GEISTLICHE ÜBUNGEN, EIN KÖRPERGEBET, STILLE UND EINE SABBATZEIT

In diesem Kapitel möchte ich das Dilemma der Geistlichen Übungen in den Blick nehmen. Außerdem stelle ich ein Körpergebet vor, das uns einlädt, alle Herzensregungen in unsere Gottesbeziehung hineinzunehmen, und ich gebe Anregungen weiter, wie man eine Sabbatzeit gestalten kann.

Was spürst du für eine Resonanz in dir, wenn du die Worte »Geistliche Übung« oder »Stille Zeit« hörst? Damit meine ich nicht, wie deine theoretischen Überzeugungen diesbezüglich aussehen, sondern welche inneren Regungen du in dir wahrnimmst. Hüpft dein Herz? Ist da ein Jubel: »Hurra! Endlich wird Birgit nochmals ganz konkret, was ich tun kann, um in den Prozessen, von denen hier im Buch die Rede ist, zu wachsen!«? Oder hörst du dich vielleicht aufstöhnen und denkst: »O nein, nicht schon wieder! Geistliche Übungen? Stille Zeit? Darauf habe ich überhaupt keine Lust!«

Spüre in dich hinein und nimm einfach wahr, was da ist. Was wirklich ist. Wenn wir das schonungslos ehrlich tun, üben wir etwas ein, was geistliche Väter und Mütter als Voraussetzung für unser Glaubenswachstum ansehen, nämlich unsere »Herzensregungen« wahrzunehmen, ohne sie zu beurteilen, also in gut oder schlecht einzuteilen.

Das, was bei mir ist, darf genauso da sein: das innere Hurra wie auch das frustrierte Stöhnen. Oder auch die Erkenntnis: Ich nehme gar nichts wahr. Da ist keine Regung, kein inneres Echo. Ich weiß nicht, wie mein Herz das findet. Ich spüre mein Herz gar nicht.

Wahrnehmen, ohne zu beurteilen – das ist uns im Westen sehr fremd. Und auch unsere fromme Welt ist leider oft geprägt von Beurteilen und Richten. Doch das, was bei uns nicht sein darf, nehmen wir nicht wahr, und damit sind wir blind für das, was bei uns in der Tiefe abgeht. Genau diese Blindheit hat Jesus immer wieder angeprangert (z. B. Lukas 6,37a.41-42).

Zwischen Liebe und Disziplin

Beim Thema »Geistliche Übungen« stoßen wir auf ein Paradox. Einerseits ist die Beziehung zu Jesus eine Liebesbeziehung, und Liebe lebt von Freiwilligkeit. Andererseits braucht sie auch Disziplin. Der Jesuit Peter Köster hat recht, wenn er betont, dass wir regelmäßige Geistliche Übungen oder Stille Zeit brauchen:

> Unsere Absicht, Gott an uns wirken zu lassen, bleibt … Illusion, solange wir uns nicht mit einer gewissen Kontinuität vorgegebenen Übungen unterziehen, das heißt Übungen, die

> unserer Beliebigkeit entzogen sind und die wir unabhängig von unserer augenblicklichen Gestimmtheit praktizieren … Nur solche … Übungen haben auf Dauer eine verwandelnde Kraft![49]

In dieser Spannung entsteht immer wieder folgendes Muster: Der innere Richter kommt so richtig in Fahrt und versucht, uns zum wiederholten Mal in die Pflicht zu nehmen. Er schimpft: »Hey, du willst doch wachsen! Du musst Stille Zeit machen! Stell dich nicht so an!«

Und dann antwortet ein anderer Teil von uns mit eingezogenem Kopf: »Ja, mache ich ja …«, und ein paar Mal stehen wir morgens zu unserer Stillen Zeit auf. Doch schon bald ist uns das zu anstrengend und alles verläuft wieder im Sande. Vielleicht spüren wir unterschwellig die Aggression des inneren Richters und stöhnen auf: »Immer dieses Müssen! Dazu habe ich keine Lust mehr!« Und dann drehen wir uns morgens im Bett von einer Seite auf die andere, wenn der Wecker klingelt, anstatt unsere Zeit mit Gott zu haben. Unsere Gedanken spielen Pingpong: »Du musst …« – »Nein, ich will nicht!« – »Du sollst aber …« – »Nein, ich habe keinen Bock!«

Unsere Seelen haben keine Lust auf das ständige »Du musst/Du solltest« des inneren Richters und so verweigern wir uns dessen Ansprüchen. Und das ist gut so, denn über Zwang und Kontrollversuche wächst auf Dauer kein gesundes, geistliches Leben in uns. Wie kommen wir nur dazu, so mit uns umzugehen? Das haben wir auf keinen Fall von Jesus. Nie hat Jesus gegenüber sich selbst oder anderen Menschen Kontrolle, Druck oder Zwang ausgeübt. Nie! Auch nicht für seine gute Sache. Immer ließ er dem anderen die Wahl, selbst wenn derjenige sich

> Nie hat Jesus gegenüber sich selbst oder anderen Menschen Kontrolle, Druck oder Zwang ausgeübt.

gegen das Leben und die Freiheit entschied (z. B. der reiche Jüngling in Lukas 18,18-27). Jesus war gewaltfrei unterwegs und half den Menschen, ihre Irrtümer zu erkennen, ehrlich und demütig zu werden und ihre Herzenssehnsucht nach Gott zu entdecken. In Offenbarung 3,20 wird seine Haltung beschrieben: »Siehe, ich stehe vor der Tür und klopfe an. Wenn jemand meine Stimme hören wird und die Tür auftun, zu dem werde ich hineingehen …« Er steht vor der Tür und wartet, bis die Tür von uns geöffnet wird.

Welche Lösung habe ich für mich gefunden, mit dieser Spannung umzugehen? Wenn das »Du musst« für meinen Kopf steht, der sich überlegt, was sinnvoll und vernünftig für mich wäre, dann könnte der Bauch für meine Lust und Unlust stehen, etwas zu tun oder nicht.

Dazwischen aber liegt mein Herz. Für mich ist das Herz das Integrations-Organ. Alleine schon physisch liegt der Herzraum genau zwischen Kopf und Bauch. Ich verstehe Jesu Botschaft so, dass er mich ermutigt, aus dem Herzen zu leben und meiner Herzenssehnsucht zu folgen. Wenn ich auf meinen Körper schaue, sehe ich, dass meine Arme und Hände nicht vom Kopf ausgehen und auch nicht vom Bauch aus. Sie gehen von meinem Herzraum aus. Mein Handeln in diese Welt hinein geht also vom Herzen aus. Das finde ich bemerkenswert.[50] Von diesem Herzensstandpunkt aus nehme ich meine – auch geistlichen – Ansprüche wahr. Ich registriere meine Wünsche, meine Lust- und Unlustgefühle und nehme all diese Regungen und Stimmen in mein Lebensgespräch, also mein Gebet mit Jesus, hinein.

Ich versuche ganzheitlich »da« zu sein: mit dem vermeintlich Frommen, den Ansprüchen, und dem vermeintlich Unfrommen, dem »Ich will nicht …«. Und von dort aus bete ich zu Jesus. Dann kann es sein, dass ich zunächst ausspreche, warum ich gerade keine Lust aufs Beten und auf Gott habe. Wenn ich damit anfange, wo ich wirklich bin, dann merke ich, dass ich sein darf, auch mit meinem Unmut, meiner Verweigerung, und dann strömt Trost und eine Art Erwachen und Lust auf Jesus genau dorthin. Ich nehme erstaunt zur Kenntnis, dass mein Bauch nicht mehr schutzlos meinem inneren Richter mit seinen »Du mussts« ausgesetzt ist, sondern in Jesus einen barmherzigen Anwalt hat. Und mein innerer Richter, der biografisch ja auch aus Angst und Druck entstanden ist, erlebt Entlastung und Gottes Barmherzigkeit. Und manchmal ist er neu davon ergriffen, dass Jesus für ihn am Kreuz das Lösegeld bezahlt hat (Markus 10,45) und er deshalb davon frei ist, Druck und Angst weitergeben zu müssen.

Im ehrlichen Gebet dürfen wir aufatmen und die Freiheit spüren, dass alles, was da ist, ausgesprochen werden darf. Und plötzlich befinden wir uns mitten in einem tiefen Gebet, zu dem es uns wirklich von Herzen hinzieht. So kann die Sehnsucht zu diesem Jesus, dem Versöhner in uns, dem Lebensspender, weiterwachsen und es breitet sich die innere Gewissheit aus: Alles, alles darf sein. Lust, Unlust, Glaube, Zweifel, Versagen, Erfolg. Das eine drückt das andere nicht mehr weg. Alles darf sein. Weil es sowieso ist.[51]

Die Mystikerin Teresa von Ávila nannte diese Art von Beten »inneres Beten«. Und der Karmeliten-Pater Reinhard Körner erklärt es so:

> Ich rede Gott an, von innen heraus, sodass wirklich ich es bin, der da redet. Ich sage »du« zu Gott, zu diesem unfassbar großen Gott, den ich nur ahnen kann … Wie von selbst sagt dann nicht nur der Verstand das »du«, inwendige Tiefenbereiche »sprechen« mit … Aus dem »du«-Sagen wird eine Hinwendung von Wesen zu Wesen, ein »Sich-Anblicken« ein »Entgegen-Warten« zu dem großen Geheimnis hin, das mich und alle Existenz liebend umfängt, so verborgen und so nahe zugleich.[52]

Körpergebet

Wie können wir diese Gebetsweise ganz konkret einüben? Was könnte uns dabei unterstützen?

Vor über zehn Jahren begegnete mir zum ersten Mal ein Körpergebet in einem Haus der Stille. Mit dem Körper zu beten, war für mich zunächst fremd, doch ich merkte umgehend, dass es mir half, »da zu sein«, gesammelt, aufmerksam für Gott, für mich selbst und für das, was ich gerade betete. Mit den Jahren wurde mir das Körpergebet immer kostbarer. Heute ist es für mich ein Rettungsanker, wenn ich bemerke, dass ich mich und den Frieden Gottes verloren habe. Vielleicht fühle ich mich verwirrt und verstimmt und weiß gar nicht, warum das so ist. Oder ich fühle mich im Hamsterrad des Alltags gefangen und meine Emotionen und Gedanken flattern ruhelos von diesem zu jenem. Wenn möglich, halte ich dann inne, nehme mir einige Minuten Zeit und bete das folgende Körpergebet.[53]

Es braucht Demut, wahrhaftig auf mein Leben zu schauen und es dann auch so stehen zu lassen.

Es bringt zwei Wirklichkeiten zueinander. Da ist erstens die Wirklichkeit meines Lebens, so wie sie jetzt ist. Nur wenn ich da anfange, wo ich bin, ist mein Gebet ehrlich und nimmt mich an die Hand, um mich zu meinem Heiland zu bringen. Es braucht Demut, wahrhaftig auf mein Leben zu schauen und es dann auch so stehen zu lassen. Denn wenn ich einen ehrlichen Blick in mein Herz werfe, bin ich immer wieder erschreckt darüber, was ich dort vorfinde. Neben meinem aktuellen Erleben gibt es jedoch zweitens auch Wahrheiten und Gegebenheiten des Reiches Gottes. Ich kann nur dann im Frieden leben, wenn ich meine Belastungen, Abhängigkeiten, Kontrollversuche, Sünden, mein Alleine-machen-Wollen immer wieder bei Gott abgebe, in aller Demut und im Vertrauen auf ihn. Und so kann uns dieses Körpergebet da abholen, wo wir sind, und uns durch einen Umkehr- und Erneuerungsprozess leiten, den wir immer wieder neu durchlaufen dürfen.

Wie sieht das nun ganz konkret aus? In der linken Spalte finden sich die »körperlichen Stationen«, rechts die jeweiligen Worte. Es sind meine Worte. Schau, ob sie für dich passen, sonst ändere sie ab. Es kann eine Hilfe sein, diese Worte laut mitzubeten und dabei nach innen zu lauschen, an welchen Stellen dein Herz besonders mitgeht und angesprochen ist. Aber du kannst sie auch still sprechen.

1. Stehen	Ich stelle mich aufrecht hin. Ich richte meine Aufmerksamkeit zu meinen Fußsohlen auf dem Boden und nehme mich in meinem körperlichen Heute-so-da-Sein wahr. Was kann ich jetzt von mir in meinem Leib[54] spüren? Da sein. Aufgerichtet. Nicht angespannt und doch in einer guten Grundspannung. So stehe ich heute vor Gott. Ich halte einige Momente inne.
2. Wahrnehmen	Ich drehe die locker hängenden Arme im Schultergelenk so, dass meine Handflächen nach vorne zeigen und gleichzeitig beuge ich die Arme im Ellbogengelenk ein wenig, sodass sich Unterarme und Hände etwas anheben. Ich halte wieder einige Momente inne.

3. Loslassen – mich überlassen

Nun bewege ich die geöffneten Handflächen weiter nach oben, etwa bis auf die Höhe meines Kopfes. Der Abstand beider Hände zueinander sollte sich für mich gut anfühlen (ausprobieren). Erneut halte ich inne.

4. Mich neu auf Gott ausrichten

Nun strecke ich die Arme über den Kopf, so weit mir das gut möglich ist, weiterhin mit geöffneten Händen. Vielleicht möchte ich gleichzeitig nach oben schauen, sodass sich mein ganzes Sein nach oben hin öffnet. Dann bewegen sich die beiden Handflächen langsam aufeinander zu, bis sie aufeinanderliegen.

5. Annehmen

Die Handflächen bleiben aufeinanderliegen und werden am Gesicht entlang nach unten bewegt, sodass meine aufeinanderliegenden Daumen zunächst die Stirn berühren, dann die Nase, den Mund und schließlich das Brustbein. Dort halte ich einige Momente inne.

6. Anbeten

In dieser Handhaltung bewege ich meinen Kopf nach vorne und verbeuge mich oder ich beuge mich mit dem ganzen Oberkörper nach vorne, sodass sich der »Knick« in der Leiste, also dem Übergang von Oberschenkel zum Becken, befindet.

7. Stehen

Ich richte mich wieder auf und verweile noch einen Moment.

1. Stehen.

»Ich stehe vor dir, Gott. Du bist jetzt da. Und ich bin da.«

2. Wahrnehmen

»Ich bin da mit allem, was gerade in mir ist: mit dem, was ich an mir mag, und dem, was ich nicht an mir mag. Mit dem Schönen, mit dem Schweren. Mit meinem Vertrauen und meinem Zweifel. Nichts muss ich vor dir verbergen. Ich darf sein, wie ich gerade bin.«

3. Loslassen – mich überlassen

»All das Notvolle und meine Sorgen gebe ich dir. Ich lasse los. Bitte nimm alles von mir, was mich von dir trennt. Ich überlasse mich dir.«

4. Mich neu auf Gott ausrichten

»Ich strecke mich aus zu dir, Gott. Du bist die Quelle meines Lebens. Von dir her lebe ich. Ich bitte dich: Fülle mich neu mit dir, mit deinem guten Heiligen Geist.«

5. Annehmen

»Das, was du mir gibst, nehme ich an. Fülle und präge du mich: mein Denken (Stirn), mein Reden und Schweigen (Mund), mein Fühlen/mein Herz (Brustbein). Werde du Teil meines Wesens.«

»Dich Gott, Vater, Sohn und Heiliger Geist, bete ich an. Ich habe dich lieb. Amen.«

Du kannst natürlich auch »frei« an den Stationen entlangbeten, ohne stets dieselben Worte zu verwenden. Wir werden dieses Gebet innerlich ohnehin jeden Tag anders beten, weil wir immer anders da sind. So ist Beten ja ein »›Verweilen beim göttlichen Freund‹[55], so wie es uns im jeweiligen Augenblick möglich ist«[56].

Dieser Zusatz »so wie es uns im jeweiligen Augenblick möglich ist« entlastet mich sehr. Das ist eben immer unterschiedlich. An manchen Tagen bin ich ganz gesammelt und kann mich leicht auf die Begegnung mit Jesus einlassen, und an anderen ziehen mich meine Gedanken immer wieder ins Außen. Da komme ich einfach nicht zur Ruhe. Es ist mir dann manchmal, als säßen zwanzig Leute mit mir an meinem Gebetsplatz. Leute, um die ich mich sorge oder mit denen gerade etwas schiefliegt in der Beziehung oder im Zusammenhang mit denen mir plötzlich eine verletzende Begegnung wieder einfällt oder, oder ... Doch auch dann darf ich gelassen bleiben. Auch dann brauche ich die Anklagen des inneren Richters nicht, um mich zum »besseren Beten« zu bringen. Ohne zu schimpfen, ja, ohne einen Anflug von Ärger darf ich es lernen, mich immer wieder neu auf Jesus hin auszurichten. Und wenn ich mich am Ende doch über mich ärgere, dann nehme ich auch diesen Ärger mit in mein Gebet. Alle Anteile in meinem Eisberg, die ich gerade vorfinde, dürfen in meiner Gottesbeziehung vorkommen.

Ich versuche, innerlich ich selbst zu sein, und lasse nichts außen vor. Ich muss mich nicht aufhübschen, nicht »vor-erlösen«, bevor ich zu Jesus gehe. Alle inneren Strebungen dürfen da sein, auch die sündigen und die, die mir nicht gefallen: Wut, Neid, Empörung, Trauer, Depression, mein Versagen, meine Sucht ... Alles darf sein. Ich darf meine Gefühle, Stimmungen und Gedanken ohne Zensur und so ungeordnet, wie sie mir ins Bewusstsein kommen, mit ins Gebet nehmen. Meine ganze Existenz und Wirklichkeit nehme ich mit. So sagt der Geigenbauer und Autor Martin Schleske:

> Warum sollten unser Vertrauen und unsere Freude mehr Recht haben, zu Gott zu sprechen, als unsere Erschöpfung, unsere Zweifel und unsere Wut? ... Ich will mit ganzer Seele beten lernen, nicht nur mit halber Seele. Nicht nur mit den guten, frommen oder gar unterwürfigen Stimmen in mir, sondern auch mit den inneren Querulanten, den seelischen Amokläufern, den Meckerfritzen, Bedenkenträgern und Angsthasen in mir.[57]

Das Körpergebet erschließt sich uns, je spüriger und langsamer und öfter wir es beten. Vielleicht bleiben wir zunächst bei den vorgegebenen Formulierungen und lassen uns von ihnen innerlich leiten. Es ist gut, wach zu bemerken: Bei welchen Worten fühlt sich mein Herz besonders verstanden? Am nächsten Tag spüren wir das innere Echo vielleicht an einer anderen Stelle, weil wir ganz anders gestimmt sind. Und mit der Zeit steigen möglicherweise von innen eigene Worte auf, bei denen wir eine tiefe Stimmigkeit empfinden. Oder wir beten das Körpergebet mit immer weniger Gedanken und Worten, weil wir die Bedeutung von innen her spüren, was so viel tiefer geht, als Worte es ausdrücken können.

Es ist möglich, dass wir mitten im Körpergebet plötzlich tiefe Herzensregungen fühlen oder wir weinen müssen, weil sich Knoten zeigen und lösen. Und auch das ist Gebet: die Regungen im eigenen Herzen zu erlauschen, vor Gott.

Manchmal wissen wir dann gar nicht mehr: Bete ich jetzt vor Gott oder in Gott oder betet Gott in mir? Der Jesuit Willi Lambert drückt es so aus: »Beten heißt zuerst, auf die Bewegungen im eigenen Herzen zu lauschen. Dies darf im Vertrauen geschehen, dass der Geist Gottes selbst, wie Paulus schreibt, mit unaussprechlichen Worten in uns seufzt (vgl. Röm. 8,26-27). In unserem Sehnen ist Gott gegenwärtig.«[58]

> Bete ich jetzt vor Gott oder in Gott oder betet Gott in mir?

Ich bete das hier vorgestellte Körpergebet jeden Morgen. Manchmal mehrmals hintereinander. Vor einigen Tagen stand ich mies gelaunt auf und dachte: »Das kann ja nur ein doofer Tag werden.« Ich wusste gar nicht genau, warum. Das Körpergebet half mir, mein Inneres zu klären, also erst mal selbst zu verstehen, was mich da in der Tiefe beunruhigte. Das ging mir beim Beten plötzlich auf und dann konnte ich es Jesus nennen, bei ihm abladen und hinterher staunte ich darüber, wie entlastet und froh ich die Gebetszeit verließ.

Wir können nur klären, was wir wahrnehmen. Das Körpergebet hilft dabei. Reife Spiritualität verzichtet zunehmend auf die »Du musst – Ich will aber nicht«-Spielchen, die uns so fertigmachen. Sie gibt immer mehr dem Raum, was Ignatius von Loyola so beschreibt: »Nicht das Vielwissen sättigt und befriedigt die Seele, sondern das Verspüren und Verkosten der Dinge von innen her.«[59]

IMPULS

- Wie ist es mir bei der Beschreibung des Körpergebets ergangen?
- Wie könnte ich es in meinen Alltag einüben? Wann ist für mich eine gute Zeit am Tag?

Beziehungszeit mit Gott – Stille

Unter Stille verstehe ich alles, was meine exklusive Beziehung alleine mit Gott stärkt, Beziehungszeit eben. Vor einigen Jahren hörte ich einen Vortrag von Pater Anselm Grün. Nebenbei erwähnte er, dass er sich morgens zwei bis drei Stunden Zeit zur Stille nähme, weil er dies brauche, um als Mensch geistlich zu leben.

Mich hat das damals sowohl im guten Sinne ermahnt als auch entlastet. Ich fühlte mich ermahnt, weiterhin dem viel Raum zu geben, was mir wichtig war: meiner Beziehung zu Jesus. Das Echo der Entlastung spürte ich, weil mir seine Aussage half, mir selbst die »Erlaubnis« zu geben, mir Zeit zur Stille zu nehmen. Warum brauchte ich diese Erlaubnis? Weil ich in der Stille nichts leiste und weil ich immer noch so oft mit dem Leisten-Müssen identifiziert bin. Man kann sich also in alle Richtungen unter Druck setzen: zu wenig Beziehungszeit mit Gott – zu viel Beziehungszeit mit Gott. Darüber muss ich gerade schmunzeln.

Wie kannst du dein Maß finden? Sei mit Jesus darüber im Gespräch und folge deiner Sehnsuchtsspur, deinem Herzen. Wie viel entspannte Stille kannst du dir »von Herzen« einrichten? Zehn Minuten am Tag? Eine halbe Stunde? Eine Stunde? Fange da an bzw. gehe von dort aus weiter, wo du bist.

Nimm die Impulse an, die dich in Richtung Weite, Lebendigkeit und Heil führen.

Nimm die Impulse an, die dich in Richtung Weite, Lebendigkeit und Heil führen. Bernhard von Clairvaux rät: »Verschließe dich vor allen Gedanken, die gegen dein Heil sind … Was immer sich deinen Gedanken anbietet: Weise es zurück, wenn es nicht auf irgendeine Weise mit deinem Heil zu tun hat.«[60] In großer Freiheit dürfen wir unseren eigenen Weg gehen und der ganz persönlichen

Führung durch den Heiligen Geist vertrauen. Und der führt jede und jeden von uns verschieden, je nachdem, wer wir sind, wie wir von unserer Machart gestrickt sind und an welcher Stelle unseres Weges wir stehen.

Und so hat sich bei mir meine Beziehungszeit mit Gott am Morgen einerseits immer mal wieder verändert – und doch bin ich über Monate und Jahre auch einer bestimmten Form treu geblieben.

In den letzten Jahren bete ich morgens zuerst das Körpergebet, dann verbringe ich Zeit in der Stille im Herzensgebet. Danach lese ich einen Abschnitt in der Bibel, ich schreibe mir Bedeutsames in mein Tagebuch und lese in ein bis zwei geistlichen Büchern einige Seiten. Mir ist diese Beziehungszeit sehr kostbar und ich freue mich darauf.

Für mich besteht das Einüben der Freiheit darin, ab und zu auch mal auf dieses Ritual zu verzichten und es gelassen zur Kenntnis zu nehmen, wenn es von den äußeren Gegebenheiten her nicht möglich ist, zum Beispiel weil ich unterwegs bin.

Wenn wir auf das Thema »Geistliche Übungen« schauen, dann geht es im Kern eigentlich nur um zwei Aktivitäten: Da ist zum einen die liebende Hinwendung zu Gott. In Gebet, Meditation, Bibelbetrachtung wenden wir uns Gott zu.

Und zum anderen ist da das Loslassen, das Verlassen der Holzwege der Selbsterlösung, auf denen wir versuchen, uns jenseits von Gott Wert und Lebensberechtigung zu erschaffen.[61] Das ist mühsam, und doch wächst gute Frucht daraus, wie das folgende Zitat des Mystikers Johannes Tauler aus dem 14. Jahrhundert anschaulich beschreibt:

> Das Pferd macht den Mist im Stalle,
> und obgleich der Mist einen Unflat und Stank an sich hat,

> so zieht dasselbe Pferd doch den Mist mit großer Mühe auf das Feld,
> und dann wächst daraus edler, schöner Weizen
> und der edle, süße Wein, der nimmer so wüchse,
> wäre der Mist nicht da.
> Also trage deinen Mist – das sind deine eigenen Gebrechen,
> die du nicht abtun und ablegen noch überwinden kannst –
> mit Müh und Fleiß auf den Acker des liebreichen Willens Gottes in rechter Gelassenheit deiner selbst.[62]

Wenn wir also unsere persönliche Zeit der Stille »zusammenstellen«, können wir darauf achten, dass die beiden Elemente »Hinwenden« und »Loslassen« irgendwie vorkommen. Das kann zum Beispiel bei folgenden Formen der Fall sein: die Losungen lesen, Stille, Herzensgebet[63], die Bibel oder Teile davon chronologisch lesen, über eine Jesusgeschichte eine Woche lang jeden Tag nachsinnen (sie mehrmals laut und langsam lesen), Tagebuch schreiben, einen Gebetsspaziergang unternehmen, ein Buch abschnittsweise lesen, das Körpergebet achtsam beten, freies Gebet, liturgische Gebete … Es gibt viele mögliche Formen, aus denen wir auswählen können. Manches können wir von anderen übernehmen, anderes passt einfach nicht für uns und wir dürfen es getrost beiseitelassen.

> Bei fast jedem von uns geht es hoch her, wenn wir beginnen, in die Stille zu gehen.

Möglicherweise machst du dann auch folgende Erfahrung: Wenn du innehältst und in die Stille gehst oder Geistliche Übungen durchführst, geht es dir gar nicht gut. Du fühlst dich dann Gott nicht nahe, sondern spürst im Gegenteil Leere, dunkle Gedanken und Sorgen, ja, du fühlst dich fast noch verlorener als vorher. Ist Stille dann einfach nichts für dich?

Ich möchte dir Mut machen: Bei fast jedem von uns geht es hoch her, wenn wir beginnen, in die Stille zu gehen. Denn nun brechen all die Muster und Sorgen und Antreiber auf, die in unserem Leben aktiv sind. Sie entstehen nicht in der Stille, aber wir bemerken sie dort. Nun können wir sie anschauen und Gott zur Wandlung hinhalten.

Es ist eine irrige Annahme, dass es in der Stille darum geht, dass wir uns stets wohlfühlen und von Gott besondere Tröstungen erhalten. Ja, das kann passieren, doch wir können es nicht kontrollieren und planen, denn es ist für uns unverfügbar.

IMPULS

- Welche Idee ist mir für mich persönlich beim Lesen in den Sinn gekommen? Wenn meine Sehnsucht sprechen und meine geistliche Zeit gestalten könnte, was würde sie sagen?
- Für welche Geistliche Übung möchte ich mich von meinem »Herzensstandpunkt« aus für die nächsten sechs Wochen entscheiden?
- Stehe ich eher in Gefahr, mich zu überfordern oder zu unterfordern?

Eine Sabbatzeit

Vielleicht hat mein Bericht in Kapitel 1 in dir die Sehnsucht ausgelöst, selbst einmal in eine Sabbatzeit zu gehen. Die Vorstellung, ein »Sabbatjahr zu machen«, übt auf viele von uns eine große Faszination aus. Wir haben Hape Kerkeling vor Augen, der sich auf eine

Pilgerreise begeben hat, haben vielleicht schon Sabbatzeit-Berichte gelesen und gehört, wie Menschen währenddessen Großartiges erlebt haben. Dennoch bleibt diese Idee bei vielen nicht mehr als ein vager Wunsch.

Wenn wir über eine Sabbatzeit nachdenken, spüren wir vielleicht die Sehnsucht darauf, »aus dem Hamsterrad auszusteigen«. Wir spüren Lust auf Abenteuer und Erholung. Doch wenn wir konkret an die Umsetzung gehen wollen, türmen sich vor uns viele Hürden auf: die Finanzen, der Arbeitsplatz, die aktuelle Familiensituation und vieles mehr.

Wir Deutschen haben ein hohes Sicherheitsbedürfnis – einen Schritt zu gehen, der Unsicherheit, Unwägbarkeit und Unvorhersehbarkeit mit sich bringt, löst Angst in uns aus. Wir haben den Eindruck, dass äußerliche, scheinbar nicht veränderbare Umstände uns von einer Sabbatzeit abhalten. Meiner Beobachtung nach werden diese Hürden nur von vier Beweggründen überwunden:

1. Ein Ruf Gottes, der stärker ist als alle dagegenstehenden Vernunftgründe.
2. Das ehrliche Eingeständnis, dass eine Lebensveränderung entscheidend bedeutsam wäre: Man weiß, dass es mit dem Job, der Beziehung, der Wohnsituation so nicht weitergehen kann. Doch wie man es auch dreht und wendet, man findet keine Lösung. Vielleicht wird einem sogar klar, dass man kurz vor einem Burn-out steht und die Reißleine ziehen muss, auch wenn man nicht weiß, wie es hinterher weitergeht.
3. Eine sich auf unerklärliche Art und Weise einstellende Bereitschaft, Sicherheiten loszulassen und im Vertrauen auf Jesus ein Wagnis einzugehen.

4. Günstige äußere Umstände, z. B. die Berentung oder die Möglichkeit, im Rahmen der Berufstätigkeit ein Sabbatjahr einzubauen, z. B. bei Beamten.

Bei manchen von uns braucht es Zeit, um ganz langsam den Entschluss, in eine Sabbatzeit zu gehen, reifen zu lassen. Bei anderen stellt sich schlagartig die Erkenntnis ein, dass dies der notwendige Schritt ist.

Eine Sabbatzeit kann kürzer sein, z. B. drei Monate, oder vielleicht auch nur »in Teilzeit« erfolgen, wie das bei mir der Fall war. Das darf sich individuell zeigen. Auch, wie man eine solche Zeit gestalten möchte. Die Unterstützung durch einen geistlichen Begleiter hilft, den je eigenen Weg zu reflektieren und die aufkommenden inneren Themen zu bearbeiten.

Folgenden Fragen darf ich in einer Sabbatzeit nachsinnen:

- Wohin zieht Gott mich? Und wohin zieht mich mein Herz? Deckt sich das oder ist es unterschiedlich?
- Wenn ich könnte, wie ich wollte: Was wartet darauf, beendet zu werden? Welches Ehrenamt, welche berufliche Tätigkeit, Beziehung, Aufgabe, Last …?
- Wenn ich könnte, wie ich wollte: Was wartet darauf, gelebt zu werden? Welche Tätigkeit, welches Ehrenamt, welche Beziehung, Aufgabe, Herausforderung? Welches Abenteuer? Was würde ich am liebsten tun? Der Grund, warum ich das tun würde, ist …
- Welches Thema zeigt sich immer wieder in mir, in meinen Tag- oder Nachtträumen? Was schreit danach, endlich Beachtung in meinem Leben zu finden? Was will in mir Raum haben? Was sollte ich unbedingt in meinem Leben noch tun?

Ja, eine Sabbatzeit ist etwas Kostbares. Doch auch danach geht das Leben weiter. Und eine Sabbatzeit ist nicht nur wunderbar. Vielen fällt (wie mir) der Leistungsentzug schwer und alte Lebensthemen melden sich zu Wort. Das ist nicht angenehm, aber es ist gut, wenn das geschieht.

Das Zauberwort »Sabbatjahr« kann auch zur Fata Morgana werden. Zum Sehnsuchts-Abfallkorb für alles aktuell Belastende. »Ach, wenn ich doch eine Sabbatzeit nehmen könnte, wäre alles wundervoll ...«

Ich habe meine Sabbatzeit nicht so erlebt und auch bei anderen konnte ich das nicht beobachten. Und dennoch ist solch eine Zeit ein besonderes Geschenk und eine besondere Herausforderung. Oft reift in ihr die Entschlusskraft, in eine ganz neue Richtung zu gehen. Alle Menschen, die ich kenne und die ihre aktuelle Arbeitsstelle kündigten, um eine Sabbatzeit zu nehmen, sind später wieder in Lohn und Brot gekommen. Aber zum Zeitpunkt der Kündigung hatten sie keine Sicherheit darüber, wie es werden würde, und bei manchen klappte es auch nicht umgehend.

Wenn du Sehnsucht nach einer Sabbatzeit verspürst, dann sprich mit Jesus und einem Berater oder geistlichem Begleiter darüber. So wird mit der Zeit dein Weg deutlich werden.

Vielleicht bleibt es jedoch dabei, dass du sagst: »Wie ich es auch drehe und wende, ich kann oder will nicht aus meinem Beruf aussteigen. Ich kann oder will nicht für eine längere Zeit mein Zuhause verlassen.« Gott ist Realist. Er sieht dich in deiner tatsächlichen Wirklichkeit und respektiert dich. Vielleicht möchtest du dann zumindest in eine Teil-Sabbatzeit gehen. So könnte diese aussehen:

- aus allen Ehrenämtern in Gemeinde und Verein/Schule etc. aussteigen,[64]

- die Stundenzahl der beruflichen Wochenarbeitszeit reduzieren,
- vier Wochen (unbezahlten) Urlaub nehmen,
- bewusst regelmäßige Zeiten (einen Nachmittag pro Woche, einen Tag pro Monat) in den Kalender als Sabbat-Zeiten eintragen und entsprechend planen.

Von meinem Erleben und der Beobachtung anderer sind Ziel und Inhalt einer Sabbatzeit:

- aus dem vielen »Tun« auszusteigen, um stärker das eigene »Sein« wahrzunehmen, mit allem Wunderbaren und Schmerzlichen,
- besondere Räume einzuplanen, in denen man Gott und sich selbst begegnen kann: einen Klosteraufenthalt, einen festen Sabbattag daheim unter der Überschrift »nichts müssen müssen«, eine Pilgerreise, einen Schweigekurs in einem Stillehaus …,
- das aufzugreifen, wonach man sich sehnt, was aber in der Alltagsroutine auf der Strecke geblieben ist (so wie bei mir die Musik und das Klavierspielen),
- neue lebendige Erfahrungen zu machen und sich auszuprobieren,
- Zeiten alleine mit Gott zu verbringen und Zeit zu haben, um Freundschaftsbeziehungen zu vertiefen, alte neu zu beleben und neue zu knüpfen.

IMPULS:

- Welches innere Echo habe ich beim Lesen des Abschnitts über die Sabbatzeit verspürt? Ist mir das Thema neu oder habe ich schon öfter daran gedacht, eine Sabbatzeit zu nehmen? Wie bin ich jetzt gerade gestimmt? Was spüre ich in der Tiefe meines Seins? Empfinde ich eher: »Nein, das ist für mich gerade nicht dran«, oder ist da eine Unruhe, sprudelnde Aufregung und eine Sehnsucht beim Gedanken daran?
- Möchte ich das Thema weiter verfolgen und wenn ja, wie? Mit wem könnte ich darüber sprechen? Wenn ich jetzt innehalte, was möchte ich Jesus dazu sagen?

Nachdem wir in diesem Kapitel in den Blick genommen haben, was uns konkret auf unserem geistlichen Weg unterstützen kann, freue ich mich schon auf das nächste. Nun geht es um die fröhliche Frucht der tiefen Lebens- und Glaubensprozesse, von denen in »Unvollkommen wertvoll« die Rede ist.

Kapitel 9

DAS TOR ZUR FÜLLE – ÜBER DIE FRUCHT, DIE ENTSTEHT

In diesem Kapitel nehmen wir die Kehrseite der schmerzlichen Prozesse der Verwandlung in den Blick: die neue Freiheit, Fülle und Lebendigkeit, die sich in uns ausbreiten.

Von den vergangenen Kapiteln halten wir fest: Jesus unterstützt unsere Unterscheidung in fähig/nicht fähig, stark/schwach nicht, weil uns dies im Gesetz der Beurteilung gefangen hält und unseren Wert an der eigenen Leistung festmacht bzw. unseren »Unwert« an unserer Nicht-Leistung. In diesem System sind der Referenzpunkt wir selbst – als autarke Ichs, die versuchen, ihren Wert abzusichern.

Im inneren Richter und inneren Spiegel bleiben wir beurteilend in der *curvatio*, der Verkrümmung auf uns selbst. In den (oft unbewussten) Reaktionen auf unsere Kernverletzungen bleiben wir in unserer Vergangenheit stecken und lassen diese unsere Gegenwart steuern. Antreiber und aufgebaute Muster versuchen, den Schaden in unserem Inneren an Gott vorbei zu heilen. Ihre Ziele sind Sicherheit, Schmerz- und Angstfreiheit. Doch letztendlich vertiefen sie den Schaden und verstärken das Kreisen um uns selbst. So bleiben wir in unseren Innenkreisläufen und unserer Selbstzentriertheit verhaftet. Das ist das System, das wir Sünde nennen.

In den Evangelien sehen wir an Jesu Verhalten, dass auch er die Menschen in zwei Gruppen einteilt. Den einen begegnet er warmherzig, liebevoll und zugewandt und anderen gegenüber ist er überraschend scharf und distanziert. Doch die Unterscheidungskriterien sind ganz andere: Die eine Gruppe von Menschen richtet einen ehrlichen Blick auf sich selbst (auf den ganzen Eisberg) und entdeckt dabei ihre eigene Hilfsbedürftigkeit, ihre Unfähigkeit zu lieben und zu glauben und ihre Unvollkommenheit. Diese Menschen stehen zu sich selbst und zu ihrem Schaden (zum Beispiel der Vater des besessenen Jungen in Markus 9,24, im Gleichnis vom Pharisäer und Zöllner, Lukas 18,10-14). In einer Haltung der Demut strecken sie sich nach Jesus aus, um von ihm Hilfe zu empfangen.

Die andere Gruppe von Personen meint, all das nicht nötig zu haben, weil sie sich selbst für unabhängig und stark hält. Doch dies ist eine Verblendung. Menschen, die so unterwegs sind, nennt Jesus »Blinde«, weil sie ihren Irrtum und ihre Hilfsbedürftigkeit nicht wahrnehmen (vgl. Matthäus 15,14; 23,26). Das Tragische ist, dass diese Blindheit sie daran hindert, die wirkliche Realität in Bezug auf sich selbst zu erkennen und sich demütig nach der heilenden, rettenden Hand des Arztes auszustrecken.

All das bezieht sich nicht nur auf unseren Zustand vor oder während der Bekehrung, die bei uns vielleicht schon viele Jahre zurückliegt, sondern auf eine Versuchung, die uns alle bis an unser Lebensende begleiten wird. Jesus spricht auch uns, die wir schon lange in seiner Nachfolge stehen, immer mal wieder als Blinde an.

Auch wir sind immer wieder in Gefahr, »selbst« und unabhängig von Jesus unterwegs zu sein, und das gar nicht zu bemerken.

Dem Demütigen in uns begegnet Jesus immer ganz zart, liebevoll, barmherzig, doch dem Stolzen widersteht Jesus genauso wie er den überheblichen Pharisäern und Schriftgelehrten damals widerstanden hat.

Neun Früchte des Sterbens und Wieder-Auferstehens

In diesem Buch haben wir schmerzliche Prozesse in den Blick genommen. Und doch ist das Ziel dieser Betrachtung nicht nur das Sterben, sondern auch die Auferstehung, nicht nur das Weinen, sondern auch das Lachen. »Unvollkommen wertvoll« ist eine Einladung ins Leben. Jesus drückt es in Johannes 12,24 so aus, dass das Weizenkorn sterben muss, damit viel Frucht aufwachsen kann.

Sterben fühlt sich zunächst jedes Mal neu wirklich nur wie Sterben an. Die Auferstehung und die Frucht, die damit einhergehen, sind zu diesem Zeitpunkt noch nicht spürbar. Es lässt sich nicht planen oder steuern und es gibt auch keine Abkürzung am Sterben vorbei direkt zur Auferstehung. Im Sterben lassen wir los – ohne zu wissen, was kommt. Immer wieder. Und doch wächst in uns mit der immer wiederkehrenden Erfahrung die Zuversicht, dass wir mit dem Sterben nicht ins Nichts fallen, sondern dass die Auferstehung folgen und Licht am Ende des Tunnels aufleuchten wird. Dennoch bleibt das Sterben an sich ein schmerzlicher und demütigender Prozess. So zumindest erlebe ich es.

Im Sterben lassen wir los – ohne zu wissen, was kommt.

Was aber wartet am Ende des Tunnels? Wie kann ich das neue Licht erfahren? Wie erlebe ich persönlich diese überraschende andere Seite der Sterbe-Prozesse? Ich erlebe sie als das, was Jesus »Fülle« nennt. In Johannes 10,10b (NGÜ) sagt er: »Ich aber bin gekommen, um ihnen Leben zu bringen – Leben in ganzer Fülle!« Im Urtext wird hier nicht das Wort *bios* verwendet, das für das biologische Leben steht, sondern das Wort *zoë*. Dieser Begriff beinhaltet Lebensfülle und sprudelnde Lebendigkeit.[65] Und genau das ist die andere Seite der Prozesse, die andere Seite von »Unvollkommen wertvoll«.

Welche beglückenden Erfahrungen wurden mir geschenkt? Wie erlebe ich Fülle im Sterben und Wieder-Auferstehen?

1. Die Erfahrung, von anderen gesehen zu werden

Mein Idealbild der Gebenden und Starken hat mich immer wieder in einen Zustand der gefühlten Einsamkeit katapultiert. Wie oft hielt ich mich inmitten von Gemeinde oder Gemeinschaft auf, während es in mir danach schrie, auch in meiner Schwäche gesehen zu werden und Fürsorge zu erleben – doch es wurde mir nicht zuteil. Mit der Zeit spürte ich eine Bitterkeit in mir. »Sehen die anderen denn nicht, wie schlecht es mir geht? Kriegen sie denn nicht mit, dass ich auch mal Unterstützung und Hilfe brauche? Ist denn Gemeinde für alle anderen ein Ort des Empfangens und Gestütztwerdens, aber für mich als Leiterin nicht?«

Es war für mich eine schmerzliche Einsicht, dass ich selbst es war, die es den anderen unmöglich machte, mir zu dienen, weil ich den inneren Spiegel der »starken Birgit« einfach nicht loslassen konnte. Wenn ich meine Bedürftigkeit ansprach, tat ich es ganz versteckt und mit einem Lächeln im Gesicht. So war es den anderen gar nicht möglich, mich in meinem Elend zu spüren. Denn ich zeigte mich nicht darin, sondern sprach nur abgeklärt darüber. Kein Wunder, dass dies mein Gegenüber verwirrte und dazu führte, dass sie auch weiterhin nur die »starke Birgit« in mir sahen, die zwar gerade mal stöhnte, aber doch wieder alleine klarkommen würde.

Worte machen nur sieben Prozent der tatsächlichen Kommunikation aus. Viel stärker wirkt das wirkliche Sein, das sich in der Mimik und Gestik zeigt. Wenn ich mich im Moment des Mitteilens aber kontrolliere und nur mein Wunsch-Selbst zeige, kann das Gegenüber mein Elend nicht sehen und spüren.[66]

Es war mir lange Zeit zu bedrohlich, die Kontrolle loszulassen und mich aus meinem Elend heraus anderen gegenüber zu öffnen. Was würde dann passieren? Wie würden sie damit umgehen? Würde ich sie nicht mit meinem Riesenberg von Lasten überfordern? Und wie würde ich mit ihren Reaktionen klarkommen? Ich hatte Angst vor Gesichtsverlust und vor der Unwägbarkeit eines solchen Loslassens. Und so blieb ich inmitten von Gemeinschaft mit meiner Not immer wieder alleine. Ich kümmerte mich um die anderen, war stets zur Stelle – und fühlte mich dabei innerlich einsam.

Im Zuge der Prozesse, von denen ich hier schreibe, lernte ich in meinen Gemeindegruppen, mit Jesus durch die Angst zu gehen, die Kontrolle, wie sich etwas entwickeln würde, loszulassen. Und dann konnte es passieren, dass ich aus meinem Elend heraus begann zu erzählen und dabei in Tränen ausbrach. Das fühlte sich so verletzlich an und doch … es gab keinen anderen Weg. Man kann einen inneren Vulkan nicht gesteuert ausbrechen lassen. Wenn man die Kontrolle abgibt, bricht er manchmal aus, wie er halt ausbricht. Wenn ich dann in die Augen des Gegenübers schaute, sah

Man kann einen inneren Vulkan nicht gesteuert ausbrechen lassen.

ich jedoch keine Verachtung oder Ablehnung. Ganz im Gegenteil: Ich erblickte in den Augen Wärme, Zugewandtheit und Fürsorge. All das, wonach ich mich immer gesehnt hatte. Und so begann sich meine Scham über das, was mein Ideal-Ich als »Schwäche« identifizierte, nach und nach zu lockern und zu lösen. Das Gefühl, inmitten meiner Gemeinschaft einsam zu sein, ließ nach, und heute erlebe ich es nur noch selten.

2. Authentische Gemeinschaft

Es ist gut, geschützte Orte und Menschen zu haben, wo wir einüben können, uns zu öffnen. Wie oft blickte ich, nachdem ich Schambehaftetes unter Mühen und Schmerzen in der geistlichen Begleitung oder meiner Kleingruppe erzählt hatte, in ein Gesicht von Annahme und Wärme. Und so wird uns das Antlitz der Schwester oder des Bruders zum Antlitz Gottes, an dem wir heiler geliebt werden.

Sicher, manche Not und das Sündenbekenntnis gehören in den seelsorglichen Rahmen. Doch wir dürfen es lernen, unsere Unzulänglichkeiten mit anderen zu teilen. Es tut uns und anderen gut, wenn wir in unseren Freundschaften und Kleingruppen beginnen, uns mit allem, was da ist, mitzuteilen: mit dem vermeintlich Starken genauso wie mit dem vermeintlich Schwachen. Tiefe Gemeinschaft lebt davon, dass wir uns verletzlich zeigen. In diesem Mitteilen reden wir nicht locker, schnell und eloquent, sondern stotternd, zögernd, langsam, nach Worten ringend, unsicher suchend. Und genau das sind Qualitätsmerkmale unserer präsenten Seele.

Wenn eine Person anfängt, sich mit den eigenen Widersprüchlichkeiten zu zeigen, ist die Chance groß, dass es sich die anderen auch erlauben. Und so kann es sein, dass Leitende in Gemeinden gerade dann die DNA einer Gemeinschaft zum Guten mitprägen, wenn sie ihr echtes Leben zeigen, ihr »Aufgebrochen-Sein« und ihre Verletzlichkeit.

Vor einiger Zeit standen Wolfgang und ich mit einem anderen Leiterehepaar unserer Gemeinde zusammen und diese fragten uns, wie es uns ginge. Wir drucksten etwas herum und antworteten dann: »Ach, gerade streiten wir oft. Wir rasseln immer wieder aneinander.« Da strahlten die beiden uns an und meinten: »Ach, das ermutigt uns aber!«

Im ersten Moment stutzte ich und konnte die Reaktion nicht einordnen. Da teilten wir eine Not mit und die anderen reagieren darauf mit einem Strahlen. Was war denn das? Doch ich vermute, dass unser ehrliches Eingeständnis die beiden erleichtert hat. Sie hörten, dass es uns manchmal nicht anders geht wie ihnen auch. Vielleicht spürten sie in diesem Moment die Erlaubnis, dass es okay ist, sich die eigenen Knoten in der Ehe einzugestehen. Vielleicht spürten sie Hoffnung für ihre eigene Beziehung. Unsere Antwort bewirkte Nähe und Wärme, nicht Distanz und Kälte. Dafür mussten wir »nur« bereit sein, den Heiligenschein unserer vermeintlich perfekten Ehe loszulassen. Und wieder sind wir beim Thema des Buches: unvollkommen wertvoll.

> Tiefe Gemeinschaft lebt davon, dass wir uns verletzlich zeigen.

In vielen der Prozesse, von denen ich in diesem Buch berichte, habe ich erlebt, wie ich »am Boden« lag, immer und immer wieder. Ich erlebte dies als Demütigung und als große Desillusionierung, da ich meinte, auf dem geistlichen Weg doch schon etwas weiter vorangeschritten zu sein, als ich es tatsächlich war. Wiederholt zerbrach mein innerer Spiegel – was nicht heißt, dass er nicht auch heutzutage manchmal noch aufersteht. Doch ich spürte mit der Zeit viel tiefer in meinem Herzen, dass ich von Gottes Gnade her lebe. Das führte dazu, dass mein tief im Herzen verankerter

Dünkel, etwas »Besseres« zu sein, sich auflöste oder zumindest geschwächt wurde. Und ich bemerkte, dass meine Offenheit und Verletzlichkeit dazu beitrugen, dass auch mein Gegenüber sich unverstellter zeigte. Echte, tiefe Gemeinschaft und berührende Nähe wurden möglich – wirkliche Fülle in der Begegnung.

3. Weniger Angst und mehr innerer Friede

Wir alle – ohne Ausnahme – ängstigen uns, aus unterschiedlichen Gründen. Wie vielen von uns war mir die mich steuernde Angst lange verborgen bzw. erlaubte ich mir nicht, dieses »Unwohlsein«, das mich antrieb, »Angst« zu nennen. Doch tief in mir lauerte stets die Angst, nicht gut genug zu sein und deshalb besonders viel leisten zu müssen.

Vor Kurzem begegnete mir beim Lesen einer Zeitschrift ein augenöffnender Satz:

> Fühlen sich Heranwachsende nicht anerkannt und nicht geborgen, können sie ausgeprägte Fantasien von der eigenen Größe und Stärke entwickeln. Sie versuchen dadurch … den erlebten Mangel auszugleichen – und laufen dabei Gefahr, sich ständig selbst zu überschätzen und einem unrealistischen Selbstbild hinterherzulaufen.[67]

Ich verstand umgehend: Mein Anspruch, so viel leisten zu müssen, ist nur eine Fantasie aus der Kindheit, um den damals vorhandenen Mangel auszugleichen. Es ist wirklich nur »alte Struktur« – mehr nicht! In Kurzform beschreibt dieses Zitat, wie mein ehrgeiziger innerer Spiegel mit seinen selbstherrlichen Fantasien entstanden ist.

Ich hatte früher sehr viel Angst und dabei ging es fast immer um das Thema Leistung. Wenn ich Vorträge hielt oder predigte, spürte ich sie besonders stark. Es war die Angst, nicht zu genügen. Nicht gut genug zu sein und mich dann schämen zu müssen. Diese Angst löste sich auch durch viel Routine und Erfahrung nicht auf. Selbst nach zwanzig Jahren Vortragstätigkeit war sie immer da.

Seit meiner Sabbatzeit und den damit verbundenen Prozessen, von denen ich in diesem Buch schreibe, löst sich diese Angst nach und nach auf. Doch an ihrer statt ist da heute keine autarke Stärke und Sicherheit. Viel mehr spüre ich manchmal Gelassenheit und zu anderen Zeiten ein Gefühl von Unsicherheit, wenn ich etwas, das in meinem Herzen gewachsen ist, mit anderen teilen möchte. Doch heute weiß ich: Es ist in Ordnung, sich unsicher zu fühlen. Für jeden Menschen ist das ganz normal. Ich fühle das richtig, denn ich habe ja auch keine Kontrolle darüber, wie der Vortrag verlaufen oder die Predigt angenommen werden wird. Aber ich muss es auch nicht wissen. Ich darf meine Unsicherheit wahrnehmen und annehmen und … darf dann mit ihr im Vertrauen auf Jesus weitergehen. Gerne erinnere ich mich dann an das Selbstbild von Franz von Assisi, »ignorans et idiota« – ungebildet und einfältig – zu sein.[68] So bezeichnete er sich öfter. Als ich diese Worte das erste Mal las, lachte ich laut auf, so beglückt war ich davon. Und instinktiv wusste ich sofort, dass mir dieses Selbstbild ein Geländer werden durfte. Da muss ich nichts mehr verteidigen, sondern erlaube mir einfach, ich selbst zu sein – im Vertrauen darauf, dass dies genügt.

Es ist in Ordnung, sich unsicher zu fühlen. Für jeden Menschen ist das ganz normal.

Letzten Sonntag habe ich beispielsweise eine Predigt anhand einer Mindmap, also einer grob visualisierten Skizze meiner Gedanken, gehalten. Diese war mir, mitten in einem Urlaub, in einer halben Stunde geschenkt worden. Früher hätte ich diese einfache Mindmap nicht für ausreichend gehalten. Ich hätte ein vollständiges Manuskript gebraucht, um den Text ablesen zu können. Doch dieses Mal veränderte ich die Mindmap nicht mehr und arbeitete sie auch nicht weiter aus. Ich »übte« meine Predigt einfach ein paar Mal und beim Aussprechen spürte ich immer wieder: Ja, das passte. Stärker als meine Unsicherheit war der Eindruck, dass dies ein passendes Wort für unsere Gemeinde war. Während des Predigens dann war ich im Frieden und lebendig. Menschen sagten mir später, dass das Wort sie berührt hatte und für sie bedeutsam war.

Und wieder staunte ich. Alles war gut. Doch selbst wenn das Feedback anders ausgefallen wäre, hätte mich das vermutlich eine Weile beunruhigt, aber nicht tief verletzt. Letztlich ist es ja Gottes Sache, was er aus einem Dienst macht, nicht meine. Nicht immer, aber immer öfter kann ich diese Gelassenheit tatsächlich in mir spüren. Und immer häufiger genieße ich es sogar, vorne zu stehen und mit den Zuhörern in einen lebendigen Austausch zu gehen, so gut es mit einer großen Gruppe möglich ist. Mein Herz hüpft, während ich vortrage, und ich spüre, dass ich in meinem Element bin. Wieder erlebe ich Fülle. Fülle statt Angst und Sorge.

4. Lebendigkeit und sprudelnde Lebensfreude

In den vorangegangenen Kapiteln haben wir gesehen, wie wichtig unsere tiefen Impulse und Herzensregungen sind, wenn wir klären möchten, was wir wirklich wollen bzw. welche Aspekte bei einer Entscheidung eine Rolle für uns spielen. Auch die Impulse des Heiligen Geistes spüren wir tief in uns.

Es ist etwas sehr Ergreifendes, wenn wir wieder Zugang zu unserem ganzen Eisberg bekommen. Wenn wir neugierig und ohne zu bewerten unsere inneren Impulse und Herzensregungen wahrnehmen. Nur so können wir allmählich zu uns finden, unserem Wesen auf die Spur kommen und ein tiefes Gefühl von Authentizität erfahren.

In Kapitel 1 habe ich von meinen stolpernden Versuchen berichtet, das Stricken und Klavierspielen wieder aufzunehmen. Wenn uns unserer innerer Richter nicht mehr ständig mit seinem »Du musst …« und »Du solltest nicht …« gängelt; wenn wir nicht mehr ständig unseren inneren Antreibern (»Alle müssen dich mögen!«, »Streng dich an, sonst hast du keinen Wert!«) folgen müssen, um die schmerzlichen Kernverletzungen nicht zu spüren, dann werden wir dazu befreit, wir selbst zu sein und auch ungewöhnliche Lebensimpulse neugierig und wohlwollend anzusehen.

Warum eigentlich nicht als 60-Jährige im Park mit Lust und Wonne auf einer Schaukel schaukeln?

Und warum eigentlich nicht? Warum eigentlich nicht als 60-Jährige im Park mit Lust und Wonne auf einer Schaukel schaukeln? Warum eigentlich nicht als Jesusliebhaberin und Kölnerin in einer netten Kneipe zu den geliebten kölschen Liedern ausgelassen tanzen? Warum nicht im strömenden Regen durch den Wald joggen, auch wenn andere behaupten, bei dem Wetter schicke man keinen Hund vor die Tür? Warum eigentlich nicht alleine pilgern gehen? Warum nicht über Unvollkommenheit ein Buch schreiben? Lebensfreude und Lebendigkeit breiten sich aus – Fülle!

5. Neue Kreativität

Der Philosoph Friedrich Nietzsche meinte: »Man muss noch Chaos in sich tragen, um einen tanzenden Stern gebären zu können.«[69] So ist es. Jedes kleine oder große Musikstück, jede Improvisation, jedes Blumenarrangement, jedes Buch, jedes neue Kochrezept, jeder Ausdruck von Kreativität lebt davon, dass wir Unsicherheit und Nicht-Wissen aushalten, dass wir es ertragen, Dinge nicht zu kontrollieren oder komplett im Griff zu haben.

Da ist eine Idee, ein Impuls, ein Gedanke – der auch wieder im Sande verlaufen könnte. Doch vielleicht spüre ich eine Begeisterung dafür und dann folge ich dieser Spur, suchend, mit Neugier, in aller Unsicherheit. Viele Ideen und Impulse führen mich in eine Sackgasse und ich muss sie wieder loslassen. Doch einige führen weiter. Dann entsteht Begeisterung. Dann bauen sich darum herum neue Ideen und Gedanken auf, es fügt sich etwas zusammen und etwas ganz Neues entsteht. Nie dagewesen. Wunderbar und spannend und … weiterhin unsicher. Sobald ich mich (innerlich oder von anderen) in Fragen verwickeln lasse wie: »Bist du dir da sicher?«, »Machst du das auch richtig?«, »Hast du die Sache im Griff?«, »Meinst du wirklich, das interessiert andere?«, »Lohnt sich das denn?«, versiegt der Strom der Inspiration. Doch wenn ich sorglos wie ein Kind weitergehe, wenn ich um diese Ideen einen Schutzzaun baue und ihnen Raum gebe, dann kann es tatsächlich passieren, dass ein tanzender Stern geboren wird. Zunächst in meinem Herzen, dann in der Umsetzung – und irgendwann darf ich vielleicht ein Buch in den Händen halten. Oder ein

> Wenn ich sorglos wie ein Kind weitergehe, dann kann es tatsächlich passieren, dass ein tanzender Stern geboren wird.

Kunstwerk. Oder habe eine neue Fähigkeit erlernt... Und dann kann es passieren, dass dies auch andere berührt.

Kreativität ist nicht willentlich verfügbar. Ja, ich kann mich immer wieder hinsetzen und hoffen, dass »es fließt«, doch »machen« kann ich es nicht. Sobald ich vergleiche (»Soundso kann so toll formulieren!«), ist »es« weg. Sobald ich unbarmherzig mit dem Gesetz der Beurteilung richte, strömt es nicht mehr. Und ich bin blockiert. Doch wenn ich den Zugang zu meinem Inneren wahre und im Vertrauen auf Jesus verweile, von Moment zu Moment, dann kann es fließen. Nicht immer, aber immer wieder.

Wir sind in Gottes Ebenbild geschaffen. Er hatte solche Freude daran, diese Welt und auch uns zu gestalten. Er war und ist ein Künstler, voller sprudelnder Kreativität, und wir sind es auch. Welche Freude dürfen wir dabei spüren – und wieder: Fülle!

6. Humor

Früher konnte ich nicht über mich lachen. Und wenn andere es taten, fühlte ich mich ausgelacht und mein innerer Wert schien auf dem Prüfstand zu stehen. Ich war verärgert und setzte alle Anstrengung in meine Verteidigung und viele Erklärungen. Auch heute noch kann ich so reagieren. Doch immer öfter wird es mir geschenkt, dass ich von der Situationskomik gepackt laut mitlache. Es ist dann einfach lustig.

Ich bin von Haus aus ein impulsiver Mensch und mir passieren häufig Missgeschicke. Bei der letzten Frauenfreizeit unserer Gemeinde kam ich aufgrund eines beruflichen Termins als Letzte an. Ich parkte, bezog mein Zimmer und machte mich für die anstehende Wanderung startklar. Wir standen vor der Eingangstür des

Freizeithauses, als plötzlich wie aus dem Nichts der Motor meines Autos aufheulte, das ich eine halbe Stunde zuvor dort abgestellt hatte. Ich hatte vergessen, den Motor abzustellen, und als Hybridauto hatte es im »Elektrisch«-Modus geräuschlos dagestanden, bis es auf »Benzin« umschaltete und sich aus der Ferne laut zu Wort meldete. Alle anwesenden Frauen brachen in Gelächter aus. Sie kennen solche Missgeschicke von mir und es erheitert sie. Ich konnte von Herzen mitlachen. Währenddessen fühlte ich mich wohl und im Frieden. Mein Selbstwert war nicht in Gefahr.

Noch eine Begebenheit: Mein Mann und ich waren mit der Bahn unterwegs zu einer Tandemtour in Süddeutschland vom Bodensee zum Königssee. Wir waren froh, als wir unser schweres Tandem im Fahrradwaggon untergebracht hatten, was ja bei der Länge des Rades nicht immer so einfach ist, und suchten nun unsere reservierten Sitzplätze. Doch diese waren schon besetzt. Da saß ein anderes Radler-Paar und zeigte uns seine Reservierungen für genau diese Plätze.

»Also, wir haben lange in Nepal gelebt. Dort werden die Bustickets häufig doppelt verkauft«, meinte ich. »Aber dass die Deutsche Bahn nun auch schon so vorgeht?« Wir setzten uns auf andere Sitzplätze.

> Ich übe mich darin, meine Unzulänglichkeit anzunehmen.

Als der Schaffner kam, wies ich ihn auf die doppelte Platzreservierung hin. Er nahm unser Ticket in die Hand, schaute es sich kurz an und meinte dann: »Nun, Ihr Zug ging gestern!« Ich war für einen Augenblick fassungslos und dann mussten wir alle lachen: der Schaffner, das andere Radlerpaar und wir. Auch in diesem Moment spürte ich keine Scham über mich, wie das früher der Fall gewesen wäre. Am Ende drückte der nette Bahnbeamte sogar beide Augen zu und wir mussten kein neues Ticket kaufen!

Ich übe mich darin, meine Unzulänglichkeit anzunehmen. Und die Menschen, mit denen ich mein Leben teile, meine Freunde und Gemeindefamilie, finden gerade diese Unzulänglichkeiten liebenswert an mir. Ist das nicht erstaunlich? Ja, ich bin manchmal verpeilt *und* ich bin liebenswert. Auch hier ist die Annahme meiner Unvollkommenheit das Tor zur Fülle.

7. Barmherzigkeit mit mir selbst

Es ist eine der langwierigsten Wandlungen in meinem Leben, nicht mehr so streng und hart mit mir selbst umzugehen. Früher habe ich genau dies als meine Christenpflicht angesehen und es war ein langer Prozess, liebevoll, barmherzig und gnädig mir selbst gegenüber zu werden. Jesus sagt in Lukas 6,36: »Seid barmherzig, wie auch euer Vater barmherzig ist!« Dieses Gebot steht direkt hinter der Aufforderung zur Feindesliebe – und wir sind uns ja manchmal selbst der größte Feind. Ich sehe es daher auch als Aufforderung, die inneren Kriege in uns erlösen zu lassen – das Gesetz der Beurteilung und Verurteilung, dieses Gängeln und Schubsen, dieses Kommandieren und Verachten von Jesus erlösen zu lassen. Er hat uns den Heiligen Geist geschenkt, der uns von Moment zu Moment liebevoll begleiten und leiten möchte. Alles, was da ist, darf sein. Auch gegensätzliche Gedanken und Gefühle und Impulse. Und alles dürfen wir in unser Gespräch mit Jesus einbinden.

Immer mal wieder bemerke ich, wie sich mein Leben wieder aufspaltet in mein tatsächliches Leben und in das, wie ich denke, sein zu müssen. In meinem »gesollten« Leben bin ich nämlich stets gelassen und voll unerschütterlichen Vertrauens. Doch in Wirklichkeit ist das gar nicht so. So schreibe ich diese Zeilen inmitten der Coronakrise, die gerade die ganze Welt erschüttert. Eigentlich möchte ich voller Zuversicht sein. Doch in Wirklichkeit mache ich mir Sorgen und diese Sorgen kreisen zunächst um mich und meine Familie: Was bedeutet diese Situation für meine Kinder und Schwiegerkinder? Für meinen Mann und meine Freunde und mich?

Wenn mir dieses Um-mich-Kreisen bewusst wird, könnte ich mich ärgern, weil es nicht meinem Ideal entspricht – und manchmal tue ich es auch. Doch ich kann jederzeit Buße tun, ohne mich anklagen zu müssen. Diese Tür darf ich jederzeit öffnen. Und dann darf ich wieder barmherzig auf mich schauen, die ich ein verletzliches Geschöpf bin und so völlig von der Fürsorge und Versorgung des Vaters im Himmel lebe. Das ist so und das darf so sein. Ich darf mich mit meinen selbstbezogenen Sorgen annehmen. Und dann darf ich sie auch wieder loslassen und meinen Nächsten in ihrer aktuellen Not beistehen.

Innerlich erwarte ich oft viel von mir – mehr als mir möglich ist. So habe ich heute weniger geschafft, als ich es erhofft hatte. Ich nehme das jetzt am Ende meiner Schreibzeit zur Kenntnis und entscheide mich: Es reicht. Es ist so viel, wie es ist. Ich schaue dankbar auf diesen Abschnitt des Buches, der mir heute geschenkt wurde. Ich entlasse mich aus dem Druck, dass ich mehr hätte schaffen müssen. Alles ist gut. Ich atme auf und gehe froh meiner Wege – und spüre wieder Leben und Fülle!

Ich darf mich mit meinen selbstbezogenen Sorgen annehmen.

8. Barmherzigkeit mit anderen

Die Erfahrung, barmherziger mit mir selbst sein zu können, weitet sich auf andere Menschen aus. Ich fühle mich einfach mehr mit ihnen verbunden. Ob ich sie gut kenne oder auch nicht. Als zielorientierter und disziplinierter Mensch habe ich zuvor oft auf diejenigen herabgeblickt, die an diesen Stellen anders gestrickt sind: denen es schwerfällt, diszipliniert zu sein, sich Ziele zu stecken und diese auch zu erreichen. Nach und nach erkannte ich, dass gerade meine Disziplin und mein »Effektiv-Sein« mir oft dabei im Wege standen, im Frieden Jesu aus dem Herzen heraus zu leben. Überhaupt wurden mir die Schattenseiten meiner Stärken erschreckend bewusst und ich entdeckte, dass fast alles im Leben zwei Seiten hat. Ich begann, mich realistischer zu sehen: als begrenzter Mensch mit Stärken und mit Schwächen.

Ich bemerkte, dass ich anderen dadurch unvoreingenommener, verletzlicher und herzlicher begegnete. Zum Beispiel meinen Kindern. Hatte ich früher einen Fehler bei ihnen entdeckt, hielt ich es für meine Christen- und Mutterpflicht, sie darauf hinzuweisen. Ich konnte weder meine eigenen Unzulänglichkeiten ertragen noch die ihren.

Inzwischen weiß ich, dass Gott meine vielen Unzulänglichkeiten über Jahrzehnte ausgehalten hat, *ohne* mich darauf hinzuweisen. Weil es derer so viele gab (und noch gibt), hätte ich das gar nicht ertragen können. Gott misst mich nicht an einem Ideal, sondern er liebt mich abgrundtief und begleitet mich barmherzig auf meinem Lebensweg und in Lernprozessen – in der Geschwindigkeit und Tiefe, wie es mir möglich ist.

Ich lernte und lerne es, inmitten von herrlicher Unvollkommenheit das Schöne und Liebenswerte bei meinem Gegenüber wahrzunehmen. In diesem Biotop der Annahme wandelte sich Festgefahrenes plötzlich – beim anderen und auch bei mir. Nicht im eigenen Versuch, zu verändern, sondern im Loslassen und Vertrauen. Ja, das ist nicht logisch. Ich verstehe es auch nicht, doch ich staune darüber.

Vor ein paar Tagen stand ich an der Kasse eines Supermarktes und sah die junge Kassiererin, die ich von meinen Einkäufen her kannte. Ich bemerkte, dass sie traurig aussah. Untypischerweise warteten keine anderen Kunden. Und so sagte ich: »Sie schauen heute so traurig aus. Geht es Ihnen nicht gut?« Da erzählte sie mir, dass ihr Vater vor einigen Tagen gestorben und dass sie darüber tief erschüttert sei. Wir konnten einige Minuten miteinander sprechen und am Abend war es diese Begegnung, die mir bei meinem Tagesrückblick als lebendigster Moment bewusst wurde. Früher hätte ich der Situation keine Aufmerksamkeit geschenkt, denn die Person war für mich nicht wichtig. Ich weiß, es ist überhaupt nicht rühmlich, das hier zu schreiben, doch so war es. Wenn ich ehrlich bin, habe ich die Welt oft daraufhin betrachtet, wer und was für meine Ziele wichtig war. Doch das ist nicht die Haltung Jesu, sondern es spiegelt eher die Frage des Schriftgelehrten in Lukas 10,29 wider: »Wer ist denn *mein* Nächster?« Jesus antwortet mit der Geschichte vom barmherzigen Samariter und endet mit der Aufforderung: Sei und werde *du* ein Nächster für andere!

> Gott misst mich nicht an einem Ideal, sondern er liebt mich abgrundtief und begleitet mich barmherzig auf meinem Lebensweg und in Lernprozessen.

Als wir vor einigen Jahren in Südafrika Floyd McClung trafen, den ehemaligen Leiter von Jugend mit einer Mission, überraschte uns dessen Zugewandtheit zu Bettlern und einfachen Menschen. Jedem schenkte er für eine kurze Zeit seine ungeteilte Aufmerksamkeit und Freundlichkeit. Er wurde ihnen zum Nächsten.

Je tiefer wir unsere eigene Armut zulassen und gelassen annehmen, umso mehr fühlen wir uns mit Menschen in deren Armut verbunden, auch in äußerer Armut. So kann es sein, dass wir im

Bettler auf der Einkaufsstraße nicht mehr den Fremden sehen, sondern den Mitmenschen.

Die Unzulänglichkeiten der anderen gelassen ertragen … in der Gemeinde, bei den Kindern und Eltern, den Nachbarn und Freunden. Je tiefer ich im Kontakt mit meiner eigenen Wirklichkeit bin, desto leichter wird dies. Bernhard von Clairvaux rät, der Mensch solle aus der Erfahrung seiner eigenen Armut den Schluss ziehen, er sei ein Armer unter Armen und habe folglich keinen Grund, auf seine Mitmenschen herabzublicken, sondern solle mit ihnen Mitleid haben.[70] »Der Blick auf die eigenen Nöte öffnet den Blick für die Nöte der anderen; und durch das, was man selbst erleidet, wird man fähig, mit anderen Leidenden mitzuleiden.«[71]

Hier bin ich weiter im Prozess und spüre, wenn es mir geschenkt wird, Fülle.

9. Wachsende Dankbarkeit als Grundgefühl des Lebens

Ich hatte lange Zeit ein gebrochenes Verhältnis zum Thema Dankbarkeit. Wenn ich als Kind ein Verhalten oder eine Entscheidung meiner Eltern unmöglich fand oder aus anderen Gründen schlecht gelaunt war, wurde mir oft gesagt: »Birgit, du solltest dankbar sein!« Kein Wunder, dass ich eine Aversion gegen dieses Wort entwickelte.

Inzwischen hat sich mein Verständnis von Dankbarkeit völlig verändert. Es geht ja nicht darum, mein tatsächliches Gefühl oder Sein mit den Worten »Sei dankbar!« erschlagen zu lassen. Weder von meinen Eltern noch heutzutage von mir selbst.

Vor Kurzem erzählte mir ein Bekannter von seinem belasteten Leben, privat wie auch beruflich. Dann stöhnte er kurz auf und meinte abschließend: »Aber ich bin dankbar.« Ich fragte ihn, wofür er denn dankbar sei und ob er dies auch erleben und spüren würde. Da fiel ihm auf, dass es eigentlich gar nicht stimmte. Es war doch eher eine Floskel basierend auf der Überzeugung, dankbar sein zu müssen, egal, wie die Umstände und sein inneres Erleben waren.

Für ihn war es, wie für viele von uns, zunächst einmal wichtig, sich einzugestehen, wie es ihm tatsächlich gerade erging. Unechte Dankbarkeit ist keine Abkürzung auf dem Weg ins Leben und in die authentische Dankbarkeit.

Gott, der Vater, der Sohn und der Heilige Geist, sind eine Gemeinschaft der Liebe und des sich gegenseitigen Verschenkens und Annehmens und Dankens. Da ist ein lebendiger Fluss von Liebe und Lebendigkeit. Wir als Nachfolger Jesu sind eingeladen, Teil dieser Gemeinschaft zu sein und nach ihrer Art zu leben: nicht verschlossen, uns ängstlich absichernd, sondern im Gegenteil: geöffnet, vertrauensvoll und dankbar. Es geht also letztlich um eine grundsätzliche Haltung, eine Offenheit. Nur in der Haltung der Dankbarkeit nehmen wir die vielen großen und kleinen Geschenke, die Gott uns von Moment zu Moment schenkt, wahr. Beispielsweise sitze ich hier an einem strahlend sonnigen Frühlingstag vor dem Balkonfenster und freue mich an den Blumen. Im Innehalten und Dankesagen wird mein Blick auf Gott ausgerichtet und froh. Ich sehe etwas nicht als selbstverständlich an, sondern nehme es als das wahr, was es ist: ein Geschenk. Und ich nehme den Schenker, Gott, in den Blick. Ich bin in diesem Moment in der Wirklichkeit Gottes verfangen und Teil dieser sich beschenkenden Gemeinschaft.

In der Haltung der Undankbarkeit würde ich mich dieser Wirklichkeit verschließen. Ich würde den Fluss des Schenkens und Empfangens, des Dankens und Lobens unterbrechen. Mich vom Frieden Gottes abschneiden. Undankbarkeit ist wie eine Blockade oder Isolierschicht gegen die Liebe Gottes und das, was Gott mir eigentlich schenken möchte.

Was mache ich aber, wenn mir etwas gar nicht gefällt und ich in meinem Herzen keine Dankbarkeit spüre? Dann nehme ich das zur Kenntnis und sage es Jesus: »Ich kann dafür nicht dankbar sein! Ich kann es nicht annehmen. So sieht es in mir aus, Jesus!« Natürlich weiß Jesus das längst, doch es tut mir gut, mir einzugestehen, wie es um mein Herz steht und dass ich in diesem Moment nicht vertrauensvoll und indifferent bin. Das darf sein, weil es ja oft so in meinem Herzen aussieht. Doch dann darf ich mit Jesus in einen Prozess treten. Ich darf mich bei ihm aussprechen, darf mit ihm ringen, mich ihm verweigern, um dann doch wieder von seiner Liebe und seiner Güte berührt und verwandelt zu werden. Diese werben um meine Hingabe und darum, dass ich mich im Vertrauen öffne. Und dann kann es sein, dass ich erstaunt zur Kenntnis nehme, wie ich beginne, etwas zuvor Abgelehntes anzunehmen und dafür tatsächlich von Herzen danken zu können.

Undankbarkeit ist wie eine Blockade oder Isolierschicht gegen die Liebe Gottes und das, was Gott mir eigentlich schenken möchte.

Und es gibt noch einen Gewinn: Wenn ich meine Schwächen und Unvollkommenheiten dankbar als zu mir gehörig annehme, schmilzt das heimlich angelegte Schaffenskonto, mit dem ich meine, mir das Gute selbst verdient zu haben. Auch die Ansprüche auf dies und das nehmen ab. Stattdessen kann in mir die demütige Dankbarkeit wachsen und das Staunen über meinen so reich sich verschenkenden Gott. Und erneut: Fülle!

Der ungezwungene Rhythmus der Gnade

Mit Jesus an unserer Seite dürfen wir erfülltes Leben wiedergewinnen. Der Theologe und Autor Eugene Peterson beschreibt den Weg dorthin, indem er Matthäus 11,28-30 in seiner Übersetzung »The Message« so überträgt:

> Are you tired?
> Worn out?
> Burn out on religion?
> Come to me.
> Get away with me and you'll recover your life.
> I'll show you how to take a real rest.
> Walk with me and work with me – watch how I do it.
> Learn the unforced rhythms of grace.
> I won't lay anything heavy or ill-fitting on you.
> Keep company with me and you'll learn to live freely and lightly.

So könnte man es auf Deutsch übersetzen:

> Bist du müde? Erschöpft? Ausgebrannt von Religion?
> Komm zu mir.
> Komm mit mir und lass all das hinter dir,
> dann wirst du dein Leben wiedererlangen.
> Ich zeige dir, wie du wirklich zur Ruhe kommst.
> Geh mit mir und arbeite mit mir – schau mir zu, wie ich es mache.
> Erlerne den ungezwungenen Rhythmus der Gnade.
> Ich werde dir nichts Schweres oder Unpassendes auferlegen.

Habe Gemeinschaft mit mir und du wirst lernen, frei und leicht zu leben.

IMPULS

- Welche gute Frucht von schmerzlichen Prozessen in meinem Leben ist mir beim Lesen des Kapitels eingefallen?
- Welches Beispiel hat mich innerlich berührt?
- Nach welcher Frucht sehne ich mich?
- Wie bin ich jetzt gestimmt?

In diesem Kapitel haben wir die frohe Kehrseite von »unvollkommen wertvoll« in den Blick genommen. Im nächsten und letzten Kapitel möchte ich nochmals Punkte aufzeigen, die dich in deinem eigenen Prozess unterstützen können.

Kapitel 10

AUF DEM WEG ZU »UNVOLLKOMMEN WERTVOLL«

In diesem letzten Kapitel möchte ich dir verschiedene Hilfen vorstellen, die dich auf deinem persönlichen Weg, dich selbst mit allem, was zu dir gehört, anzunehmen, unterstützen können.

Was kann uns in den Prozessen, von denen in diesem Buch die Rede ist, unterstützen? Können wir sie selbst in Gang setzen oder müssen wir warten, bis Gott sie initiiert?

Der Geigenbauer und Autor Martin Schleske sagt: »Die wesentlichen Dinge kannst du nicht machen, sondern nur empfangen. Aber du kannst dich empfänglich machen.«[72] Wie aber können wir uns empfänglich machen? Was kann uns dabei unterstützen, den Prozessen nicht auszuweichen, sondern uns ihnen mutig zu stellen?

Ich habe für mich vier Aspekte identifiziert, die mich auf meinem Weg, meine Schwäche zuzulassen und in und mit Jesus *tamim* (ganz) zu werden, unterstützen. Es sind vier Einladungen bzw. Aufforderungen:

1. Sei Teil einer Gemeinschaft

Die hier vorgestellten Prozesse kann man nicht alleine durchlaufen. Ohne Gemeinschaft und geistliche Begleitung wäre ich an manchen Weggabelungen in die falsche Richtung gelaufen oder hätte mich in einer Sackgasse verrannt. Auch wenn die Mystiker betonen, wie wichtig es ist, die eigenen Herzensregungen wahrzunehmen und unser ursprüngliches Gutsein in Gott anzunehmen, sagen sie ebenso, dass sich das menschliche Herz irren kann und dass es der Ermutigung, des Trosts, der Ermahnung und der Korrektur eines Gegenübers bedarf. Richard Rohr drückt es so aus: »Wir brauchen eine Glaubensgemeinschaft, die uns – trotz ihrer Unvollkommenheiten – zur Rechenschaft anhält, damit wir ehrlich und echt bleiben. Es gibt keine starken und weit ausladenden Äste ohne tiefe Wurzeln in einem ganz konkreten Erdboden.« [73]

Ohne die Einbindung in eine Gemeinschaft stehen wir in der Gefahr, in Illusionen über uns zu verharren. Nichts erdet so sehr wie konkrete Gemeinschaft vor Ort, die wir manchmal als wundervoll, zu anderen Zeiten aber auch als anstrengend erleben.

Wenn wir ins Neue Testament schauen, in die Evangelien und Briefe, erkennen wir, dass die Nachfolge Jesu nie alleine stattfand, sondern immer in eine konkrete Gemeinschaft eingebettet war. Jesus teilte sein Leben mit seinen Jüngern und mutete ihnen das Zusammensein mit Menschen zu, die diese sich selbst so nie ausgesucht hätten. Er sandte seine Jünger auch nicht alleine aus, sozusagen individuell, sondern zu »je zwei und zwei« (Lukas 10,1).

Auch später gingen die Apostel zu zweit auf ihre Missionsreisen (Apostelgeschichte 15,36-40).

Wir sind von Gott auf Gemeinschaft hin angelegt, hilfsbedürftig, wie wir in Kapitel 3 gesehen haben. Erst (und nur) in Gemeinschaft können wir erkennen, wer wir wirklich sind, und uns nach und nach annehmen, wie wir sind.

> Erst (und nur) in Gemeinschaft können wir erkennen, wer wir wirklich sind, und uns nach und nach annehmen, wie wir sind.

Ich habe bereits beschrieben, wie kostbar mir die zehn Jahre Leitungsgemeinschaft waren. Hier erlebte ich Annahme und wagte, in kleinen, mühevollen Schritten Aspekte meiner selbst zu teilen, die ich so schwer zu akzeptieren fand. Ich wagte es, die Kontrolle loszulassen und mich verletzlich zu zeigen. Und dann bemerkte ich voller Staunen, dass die anderen mich annahmen, wie ich war. Ich habe in dieser Gemeinschaft den Prozess durchlaufen, von dem Jean Vanier schreibt:

> Die Hauptschwierigkeit für viele … ist der Mangel an Vertrauen zu sich selbst. Wir haben den Eindruck, nicht liebenswürdig zu sein. Könnten die anderen uns sehen, wie wir wirklich sind, würden sie uns ablehnen müssen … Gerade das ist aber das Geheimnis des Wachstums in Gemeinschaft … Entdecke ich langsam, aber sicher, dass Gott und die anderen mir vertrauen, dann wird es auch einfacher, mir selbst zu vertrauen – und dadurch kann mein Vertrauen zu den andern wieder wachsen.[74]

Wenn ich Teil einer Gemeinschaft bin, werde ich ermutigt. Und ich werde konfrontiert mit der Wirklichkeit, wie sie tatsächlich ist – auch mit meiner eigenen schmerzlichen Wirklichkeit. Das ist mühsam und gar nicht angenehm.

Vor Kurzem hatte ich einen Konflikt mit jemandem aus unserem aktuellen Gemeindeleitungsteam. Das ärgerte mich – es nahm viel zu viel Zeit und Kraft in Anspruch. Ich wollte doch an diesem Buch schreiben und überhaupt meinte ich, Wichtigeres zu tun zu haben, als einen Termin zur Beziehungsklärung zu vereinbaren. Doch eines Morgens in der Stille erinnerte mich Jesus an dieses Zitat: »Der Nächste steht uns in Wahrheit nicht im Weg, sondern er steht am Rand des Abgrunds als Schutzengel, der uns hindert, aus den Realitäten des Lebens hinaus in die Illusion zu treiben.«[75] Ich stöhnte auf. An diesen Satz wollte ich (mein falsches Selbst, also mein Ego) eigentlich gar nicht erinnert werden. Doch in der Tiefe meines Seins (meines wahren Selbst in Christus) wusste ich unmittelbar: Das stimmte! Endlich hielt ich inne und stellte mir die Frage, vor welcher Illusion mich die Person gerade bewahrte, und einiges wurde mir bewusst.

Das war schmerzlich und doch änderte sich etwas im ehrlichen Nachsinnen vor Jesus: Ich spürte auf einmal tatsächlich Freude darüber, dass die Person und ich beide zum Leitungsteam unserer Gemeinde gehören. Wir sind einander gegeben, um uns aneinander zu reiben und um zu reifen. Und so griff ich zum Handy und verabredete ein Klärungsgespräch. Beim gemeinsamen Spaziergang durch den Park begegneten wir einander als Schwestern, die von der Gnade Jesu lebten und die am Ende des Gesprächs sogar miteinander lachen konnten, weil wir nun manche Absurditäten des Beziehungsstresses miteinander durchschauten. Jetzt konnten wir erkennen, dass es neben dem schmerzlichen Aspekt auch zutiefst komische Aspekte gab, die uns zum Lachen brachten. Und am Ende konnten wir einander zusprechen: Wir beide gehören zu dieser Gemeinschaft, und das ist gut so. Zwischen uns ist wieder alles geklärt.

Das, was sich unserem inneren Empfinden nach als wahr anfühlt, ist es nur zum Teil. Viele Emotionen und Sichtweisen sind »Grüße aus der Vergangenheit« (siehe Kapitel 4 und 6) und Ausdruck unserer Egozentrik, in die wir aktuell wieder gerutscht sind. Das ist bei uns Menschen auch nach jahrzehntelanger Nachfolge so. Nur mit einem Gegenüber können wir der ganzen Wahrheit im Hier und Jetzt auf die Spur kommen. Dazu brauchen wir Demut und Korrekturbereitschaft. Wenn wir es einüben, uns korrigieren zu lassen, sind wir die Beschenkten. Das fällt mir persönlich nicht leicht und ich fühle mich dann gedemütigt. Doch die Mystiker betonen immer wieder, dass wir Demütigungen (des Egos) brauchen, um demütig zu werden. Das scheint logisch zu sein und dennoch erlebe ich es fast immer als einen schmerzlichen Entschluss und Weg.

Eine Gemeinschaft kann ein Hauskreis sein, eine Kleingruppe, eine Gebetszweierschaft, eine Lebensgemeinschaft. Ich selbst bin Teil einer Gebetszweierschaft und einer Klein- bzw. Dienstgruppe.

IMPULS

- Was ist mir beim Lesen dieses Abschnittes in den Sinn gekommen?
  Welche Begebenheit aus meinem Leben?
  Oder welche Person, mit der noch ein Klärungsgespräch aussteht?
- Wer und wo ist meine Gemeinschaft, in der ich mich unverstellt zeige?
- Wer darf mich hinterfragen? Von wem nehme ich Korrektur an? Wem unterstelle ich mich?
- Wem spende ich Trost und Ermutigung und wem schenke ich meine Zeit und Kraft?

2. Bete darum, eine geistliche Begleitung zu finden

Im Verlauf dieses Buches erwähne ich häufiger meine »geistliche Begleitung«. Sinn und Absicht dieser Begleitungsform sind: immer mehr aus der Verbindung mit Gott zu leben, die Muster und Unfreiheiten zu erkennen und loszulassen (Buße zu tun) und der oder die zu werden, die wir von Gott her wirklich sind.

Woher kommt geistliche Begleitung? Sie ist eine Form der Unterstützung unseres Weges als Jesusnachfolger, die es schon seit fast 2000 Jahren gibt. Nachdem die Christen Anfang des 4. Jahrhunderts nicht mehr verfolgt und dann das Christentum sogar zur Staatsreligion des Römischen Reiches wurde, verweltlichte die Kirche mehr und mehr. Und so zogen sich immer mehr Männer und Frauen in die Wüste Libyens zurück, um sich ganz auf Gott auszurichten: die sogenannten Wüstenväter und -mütter. Ihr Ziel war es, immer mehr aus der Verbundenheit und dem Einswerden mit Gott zu leben und alles abzulegen, was dem entgegenstand: ihre Egozentrik und alles, was mit der Hingabe und Liebe an Christus nicht übereinging. Sie ließen sich in diesem Leben als Einsiedler von einem »Abba« (Vater) oder einer »Amma« (Mutter) begleiten. Sie besprachen – vereinfacht ausgedrückt – in regelmäßigen Gesprächen in schonungsloser Ehrlichkeit die Tiefen ihres Eisbergs mit ihrem geistlichen Begleiter: ihre Leidenschaften, Sehnsüchte, Kränkungen, Verletzungen, Ängste und Überforderungen. Dieser hörte aufmerksam zu und gab knappe Hinweise, die den Begleiteten im Prozess der Gottes- und Selbsterkenntnis unterstützen sollten. Diese beiden Prozesse gehörten und gehören immer zusammen.

Ausgangspunkt für das jeweilige konkrete Begleitgespräch war das wirkliche Leben des zu Begleitenden mit seinen existenziellen

Nöten und Fragen. Es ging nie um eine akademische Diskussion, die nichts oder wenig mit dem eigenen Leben zu tun hatte. Es beeindruckt mich zu lesen, dass sich die Abbas und Ammas weigerten, auf Fragen zu antworten, wenn sie spürten, dass der Begleitende seine wirkliche Existenz außen vor ließ – ganz im Sinne von: »Wasch mich, aber mach mich nicht nass. Ja, ich will verwandelt werden, aber bitte ohne dass ich die schmerzlichen Seiten meiner Existenz zur Sprache bringen muss.« Doch die Abbas und Ammas hatten die Gabe der Herzenserkenntnis. Sie durchschauten diese Taktiken und antworteten nur, wenn sich die Ratsuchende mit ihrer wirklichen Existenz öffnete, mit den eigenen Antreibern, Verwundungen und der eigenen Hilfsbedürftigkeit.

Ja, ich will verwandelt werden, aber bitte ohne dass ich die schmerzlichen Seiten meiner Existenz zur Sprache bringen muss.

Durch diese jahrelangen Klärungsprozesse mit Jesus wurden die Begleiteten nach und nach zu einem barmherzigen und versöhnten Umgang mit ihren Leidenschaften und ihrem Menschsein geführt und in eine tiefe Verbundenheit oder »Einung« mit Gott hinein. Sie wurden nun selbst zu Abbas und Ammas, zu denen Menschen aus den Städten kamen, um Rat und Hilfe für das eigene Leben zu erhalten. Man spürte diesen Einsiedlern ab, dass sie in Jesus sich selbst gefunden hatten und in Frieden lebten.[76]

Was jemanden zum geistlichen Begleiter qualifizierte, war keine akademische Ausbildung, sondern das eigene Durchleben der Prozesse, von denen in diesem Buch die Rede ist. Die Abbas und Ammas hatten sich ihren eigenen Schattenseiten und Abhängigkeiten gestellt und nach und nach einen versöhnten Umgang mit ihren Leidenschaften und Mustern gefunden. Sie hatten sich Gott überlassen und dabei zu ihrem Erstaunen erlebt, dass sie für Gott doch kein zu schwerer Fall waren. Sie hatten nach Jahren der inneren Kämpfe einen versöhnten Weg mit Christus gefunden und lebten immer mehr aus der Verbundenheit mit Gott heraus. Gerade diese Menschen hatten nun einen unerschütterlichen Glauben und Hoffnung für diejenigen, die sich vertrauensvoll an sie wandten mit der Bitte, sie geistlich zu begleiten. In der Tiefe ihres Herzens war die Gewissheit gewachsen, dass Gott mit jedem zu seinem Ziel kommt, der in Demut seiner Sehnsucht nach Gott nachgeht und die Bereitschaft mitbringt, auch dann dranzubleiben, wenn es schmerzliche Punkte betrifft und ans Eingemachte geht.[77]

Die Tradition der geistlichen Begleitung zog sich – vor allem bei den Mystikern – durch die ganze Kirchengeschichte. Bei Teresa von Ávila und Johannes vom Kreuz genauso wie bei Ignatius gehörte sie ganz selbstverständlich zu einem lebendigen geistlichen Leben dazu. Das hörte auch mit einem gewissen Reifegrad oder Alter nicht auf. Sie waren niemals so nah an Gott dran oder so reif, dass sie eine Begleitung nicht mehr nötig hatten. Nein, jeder setzte sich einer solchen Begleitung aus und begleitete wiederum andere. Das finde ich beachtlich und erleichternd, weil es bedeutet, dass ich nicht als Leiterin und Gebende irgendwann einen Zustand erreicht haben muss, in dem ich nur noch heilig durch die Welt laufe. Da das ja nicht der Fall ist, müsste ich mich täuschen und verdrängen – und das ist ein Holzweg und eine Sackgasse.

> Sie waren niemals so nah an Gott dran oder so reif, dass sie eine Begleitung nicht mehr nötig hatten.

Bis heute gilt dieser Grundsatz: Wer andere geistlich begleitet, lässt sich selbst geistlich begleiten. So bleiben auch die Begleitenden auf dem Teppich der nüchternen Tatsachen und sind weniger in Gefahr, sich über andere zu überheben und sich vermeintlich abgeklärt als Gurus zu betrachten.

Folgendes kennzeichnet u. a. geistliche Begleiter:

1. **Sie folgen lebenslang ihrer Sehnsucht nach Gott und bauen um diese Sehnsucht Schutzräume: den Rückzug in die Stille, die Beziehungspflege mit Gott.**
   Ein anschauliches Bild des Dominikaners Jacques Loew verdeutlicht das:
   »Wie kann man einen Esel, der keinen Durst hat, trotzdem zum Trinken bewegen? Und wie kann man – bei allem Respekt – einen Menschen dazu bringen, nach Gott zu dürsten, wenn er diesen Durst verloren hat und er sich mit Bier und Schnaps, Fernsehen und Autofahren zufriedengibt? Es scheint nur eine Lösung zu geben: Man muss einen durstigen Esel herbeischaffen, der ausgiebig, mit großem Genuss und Behagen, an der Seite seines Artgenossen aus dem Eimer trinkt. Aber ohne jedes Theater, einfach, weil er Durst hat, einen großen, unstillbaren Durst. Das wird seinen Kollegen nicht unbeeindruckt lassen. Die Lust wird ihn ankommen, sich zum Eimer zu neigen und in tiefem Zug das erfrischende Wasser zu schlürfen. Menschen, die Hunger und Durst nach Gott haben, sind für ihre Mitmenschen eine bessere Predigt als viele erbauliche Reden«.[78]
   Ich erlebe es als Geschenk, einige solche Menschen zu kennen, deren tiefste Antriebsfeder die Sehnsucht nach Gott ist. In den Begegnungen mit ihnen wächst meine eigene Lust auf Gott.
2. **Sie haben sich eigenen schmerzlichen Prozessen gestellt und wissen, dass diese Prozesse erst an der Himmelspforte aufhören.**
   Man kann Menschen nur so weit begleiten, wie man selbst gegangen ist. Neben der Liebe und Hingabe an Gott ist die

kontinuierliche Erfahrung der Klärungs- und Läuterungsprozesse am eigenen Leib die wichtigste Voraussetzung, um andere zu begleiten. Das, was man von sich selbst kennt, kann man bei anderen (wieder)erkennen. Auch wenn sich Themen und Lebenssituationen unterscheiden, gleichen sich doch die Grundmuster der Absicherung jenseits von Gott. Geistliche Begleiter haben ein Gespür für die wahre Motivation im zu Begleitenden und schenken je nach Situation Verweigerung von Rat, Konfrontation in Liebe, Ermahnung, Trost und Ermutigung.

3. **Sie sind demütig und barmherzig.**
   Wer das eigene Herz vor Gott und einem geistlichen Begleiter öffnet, wird demütig und barmherzig. Er erkennt immer wieder an: »Ja, Gott, so bin ich. Heiliger und Sünder!« In dieser Demut wird das eigene Herz bereitet, andere barmherzig zu begleiten.
   Über Ignatius wird berichtet, dass er immer wieder einen Stoßjubel losließ: »Mein Gott, wie unendlich gut bist du! Du verträgst sogar jemanden, der so schlecht und verdorben ist wie ich.«[79] Wer sich wahrhaftig im Lichte Gottes sieht, wird erschrecken, was er in seinem Herzen so alles vorfindet. Dies kann man nur zulassen, wenn man um die noch größere Liebe und Annahme Gottes weiß, die mit keiner noch so absurden und egozentrischen Tat oder Haltung überfordert ist. Diese ständigen Erfahrungen der Barmherzigkeit Gottes lassen den geistlichen Begleiter sanftmütig und milde gegenüber dem zu Begleitenden werden. So schrieb Johannes vom Kreuz einer lebenslustigen jungen Frau aus Ávila, die Angst hatte, bei ihm zu beichten: »Sie brauchen keine Angst haben; je heiliger Beichtväter sind, umso milder sind sie und umso weniger entsetzen sie sich über die Sünden

der anderen. Ich bin zwar kein Heiliger, aber ich sage es, weil es so ist.«[80]

IMPULS

Bete darum, einen geistlichen Begleiter zu finden, und halte deine Augen und dein Herz offen für eine geeignete Person. Es gibt inzwischen Weiterbildungen dazu, und doch wird man der Tradition nach nicht durch eine Ausbildung zum geistlichen Begleiter, sondern indem man von Menschen gebeten wird, sie zu begleiten. Vertraue darauf, dass Gott dich führen wird.[81]

3. Suche die Stille

Bevor Jesus öffentlich zu wirken begann, ließ er sich von Johannes dem Täufer taufen (Matthäus 3,13.16-17). Bevor Jesus eine einzige Predigt gehalten oder einen Menschen geheilt hatte, bevor er in der Wüste versucht worden oder Menschen in ihrer Not begegnet war, sprach Gott der Vater bedeutsame Worte in Jesu Herz: »Du bist mein lieber Sohn und an dir habe ich Wohlgefallen.« Der Theologe Eugene Peterson überträgt diese Worte in seiner Übersetzung »The Message« so: »You are my son, chosen and marked by my love, delight of my life. – Du bist mein Sohn, auserwählt und von meiner Liebe gezeichnet, die Freude meines Lebens!«

Mit diesen Worten beschenkte der Vater den Sohn und begegnete seinen Bedürfnissen. Denn Jesus war Gottes Sohn und dennoch auch ein Mensch wie wir – mit allen Bedürfnissen, die Menschen haben, zum Beispiel nach:

- Zugehörigkeit: Der Vater sagte ihm: »Du, Jesus, gehörst zu mir. Du bist mein Sohn!«
- Liebe: Der Vater sagte ihm: »Du, Jesus, bist geliebt, mein geliebter Sohn!«
- Wohlwollen: Der Vater sagte ihm: »Jesus, ich freue mich an dir. Ja, du bist die Freude meines Lebens!«
- Identität: Der Vater sagte ihm: »Jesus, ich sage dir, wer du in der Tiefe bist: Du bist mein Sohn. Das ist deine tiefste Identität!«
- Sinn/Berufung: Jesus, wie auch die umstehenden Juden hörten in diesen Worten Psalm 2,7: »Du bist mein Sohn, heute habe ich dich gezeugt«, und Jesaja 42,1: »Siehe, das ist mein Knecht, den ich halte, und mein Auserwählter, an dem meine Seele Wohlgefallen hat.« Beide Schriftstellen galten als Ankündigungen des Messias. Damit sagte der Vater dem Sohn zu: »Jesus, du bist dieser Messias! Der Erwählte!«

Bevor der Sohn seinen Dienst begann, beschenkte der Vater ihn mit allem, was er existenziell brauchte. Er gründete Jesus tief in seiner Liebe.[82]

Während seines gesamten Lebens können wir dann beobachten, wie es Jesus immer wieder in die Stille, die Wüste, die Einöde zog. Er hatte einen lebendigen Rhythmus zwischen Rückzug in die Stille und Sein unter Menschen, verbunden mit seinem Dienst.

Warum verbrachte Jesus so viel Zeit in der Stille? War das nicht Zeitverschwendung? Nein, das war es nicht. Ich vermute, es zog Jesus mit aller Macht in die Stille, weil er immer wieder neu diese Stimme der Liebe hören wollte, um aus dieser Quelle alleine zu leben.

Wenn wir genau hinsehen, heißt es immer wieder in den Evangelien, dass Jesus auf einen Berg ging, um zu beten (Markus 6,46), ja, dass er die ganze Nacht im Gebet war (Lukas 6,12) oder am Morgen, noch vor Tagesanbruch, aufstand, um an eine einsame Stätte zu gehen und zu beten (Markus 1,35). Immer und immer wieder suchte Jesus die Stille und das Gebet. Er ließ sich weder von der Not um sich herum noch von den Erwartungen seiner Jünger (Markus 1,37) unter Druck setzen, seine Stille abzukürzen.

Er wusste um diesen Dreh- und Angelpunkt: Nur wenn er in der Liebe des Vaters blieb, war er frei davon, sich durch »Selbst suchen und machen« abzusichern (sprich: zu sündigen). Direkt im Anschluss an seine Taufe »wurde Jesus vom Geist in die Wüste geführt, damit er von dem Teufel versucht würde« (Matthäus 4,1). Doch er blieb der Geliebte und widerstand dem Bösen. Später erhielt Jesus manchmal Applaus, wie zum Beispiel zu Beginn seines Wirkens in Galiläa, wie es in Lukas 4,14-15 geschildert wird. Aber die Zustimmung der Menschen war nicht sein Lebenselixier. Er war nicht abhängig von der Bestätigung anderer, sondern vertraute der Stimme Gottes, die ihn »Geliebter« nannte, und war in der Lage, dem Willen Gottes zu folgen.

Schon kurze Zeit später erfuhr Jesus Widerstand und Ablehnung (Lukas 4,28-29) – und auch das ließ ihn nicht verzweifeln. Jesus war und blieb der geliebte Sohn des Vaters. Selbst seine leibliche Mutter versuchte, ihn unter Druck zu setzen und in ihrem Sinne zu steuern, doch Jesus widerstand und erfüllte ihre Erwartungen nicht (Johannes 2,3-4). Jesus war der freiste Mensch, der je auf Erden gelebt hat.

Jesus war der freiste Mensch, der je auf Erden gelebt hat.

Das, was für Jesus ein not-wendender Lebensrhythmus war, ist es auch für uns, ist es für mich. Auch ich muss tagtäglich neu die Stimme des Vaters hören, dass ich ein geliebtes Kind Gottes bin. Das ist auch meine tiefste Identität. Auch mir spricht Gott der

Vater zu: »Du bist meine geliebte Tochter! Ich habe Freude an dir! Du gehörst zu mir! Fürchte dich nicht, ich habe dich bei deinem Namen gerufen: Du, Birgit, bist mein!« (frei nach Matthäus 3,17 und Jesaja 43,1).

Nur wenn ich tief in meinem Herzen in dieser Liebe Gottes – meines Vaters (»Unser Vater im Himmel …« – Matthäus 6,9) und meiner Mutter (»Ich will euch trösten, wie einen seine Mutter tröstet!« – Jesaja 66,13) verankert bin, kann ich getrost leben. Dann bin ich frei: frei, Gottes Willen zu tun, frei davon, süchtig nach Anerkennung und Bestätigung bei anderen zu suchen, frei, auch unübliche Wege zu gehen. In Kapitel 7 habe ich beschrieben, wie bedeutsam für mich dieses Verankertsein in der Liebe Gottes ist. Gott ist der Einzige, der mich bis an mein Lebensende und darüber hinaus nicht verlassen wird. Der Autor Henri Nouwen beschrieb es so:

> Es ist die ununterbrochene Stimme der Liebe, die von Ewigkeit her spricht und Leben und Liebe gibt, wo immer sie gehört wird. Wenn ich diese Stimme höre, weiß ich, dass ich bei Gott zu Hause bin und nichts zu fürchten habe … Als der Geliebte kann ich Widerstand leisten, trösten, mahnen und ermutigen, ohne Ablehnung zu befürchten oder eine Bestätigung zu benötigen.[83]

Nur in der Stille werde ich vollständig wahrhaftig und befreit, »einfach Birgit« zu sein. So schrieb der Mystiker Thomas Merton in sein Tagebuch:

> Ich brauche keine Stille, um etwas Besonders zu sein … sondern ich brauche Stille für die wahre Erfüllung, die ich suche, nämlich ganz einfach und gewöhnlich zu sein … In der Stille

werde ich endlich die Person, die sich nicht durch Bekanntheit manipulieren lässt oder auf ein Image ausrichtet.[84]

In der Stille, alleine und im Lebensgespräch mit Jesus, werden wir wahrhaft authentisch wir selbst. Dafür gibt es keinen Ersatz.

Letztlich kann nur die Liebe Gottes uns in das Abenteuer der Verwandlung verwickeln. Nur sie hat die Kraft, uns aus unseren über Jahrzehnte verkrusteten Mustern herauszulösen, unsere Egozentrik zu überwinden, unseren Zwang zur Beurteilung all dessen, was wir sind und tun, zu schwächen und unser Sein als Geliebte zu stärken. Diese Verwandlungs-Erfahrungen tun zunächst und immer wieder weh. Das Sterben des Weizenkorns ist ganz und gar nicht von erhebenden Gefühlen begleitet.

Letztlich kann nur die Liebe Gottes uns in das Abenteuer der Verwandlung verwickeln.

Wir alle stehen in Gefahr, Gott vor unseren Karren der Egozentrik spannen zu wollen, damit wir uns besser fühlen. Unser Glaube an Jesus soll vor allem unserem Vorteil dienen. Doch es ist eine Irrlehre, dass Stille und Gottesbegegnungen in erster Linie dazu da seien, dass wir beglückende, erhebende Gefühle erleben und uns gut fühlen. Genauso wie ich von meinen Kindern als ihre Mutter um meiner selbst willen geliebt werden will, möchte das auch unser Vater im Himmel. Stille – eine Beziehungszeit aus Liebe.

Nimm dir täglich eine Zeit der Stille und zweimal im Jahr eine Stille-Auszeit von mehreren Tagen. Vielleicht möchtest du an einem Stille-Kurs teilnehmen, wie sie in Klöstern und Einkehr- oder Stillehäusern angeboten werden, oder für dich alleine in die Stille gehen.[85]

IMPULS

- Wie geht es mir mit dem Thema Stille? Welche schmerzlichen Erfahrungen habe ich damit schon gemacht? Welche beglückenden Erfahrungen?
- Wie könnte ich Stille in mein konkretes Leben einbauen? Bei welchen Vorhaben und Plänen kann mein Herz mitgehen?

4. Verschenke dich uneigennützig an andere

Je näher wir dem Herz Gottes kommen, umso mehr wird uns die Not anderer berühren – fast als wäre sie unsere eigene – und eine Bereitschaft auslösen zu helfen. Das ist von der Qualität her etwas völlig anderes als unsere alten Muster, die uns zu treiben versuchten: Sei es Pflichtgefühl (»Muss ich dem jetzt helfen, obwohl ich nicht will?«) oder Leistungsorientierung (»Wenn ich nicht helfe, habe ich keinen Wert«) oder ein Helfersyndrom (»Ich fühle mich nur gut, wenn ich ständig anderen helfe«). Während die Muster, ja, der innere Richter, uns in einer Strenge und gegen inneren Widerstand antreiben, bleiben wir im Lieben mit uns und Gott verbunden, offen und frei. Der Heilige Geist wird uns führen, sodass wir uns in einem Maß hingeben, wie es uns als begrenzten Menschen möglich ist. Das Reich Gottes ist nicht auf unsere Selbstausbeutung angewiesen.

Das Reich Gottes ist nicht auf unsere Selbstausbeutung angewiesen.

Wir wachsen in dem Maß, in dem die Liebe in uns wächst, und zwar die Liebe zu Gott, zu uns selbst und zum Nächsten. Es gibt kein persönliches Glaubenswachstum mit privater Wellness und es geht auch nicht um eine Dauerandacht mit Gott alleine. Spiritualität, die nicht zur Verantwortung in diese Welt führt und sich für andere einsetzt, ist ein Irrweg.

Der Zuspruch und die Aufforderung Gottes an Abraham lautete: »Ich will dich segnen und du sollst ein Segen sein« (1. Mose 12,2). Das spricht Gott auch uns zu. Er will uns segnen. Und wir sind in diese Welt gestellt, um für andere ein Segen zu sein. So klar und einfach ist das.

Jesus hat es uns vorgelebt. Er stand unter dem Segen Gottes und gab, wie wir oben gesehen haben, der Gottesbegegnung in der Wüste oder auf dem Berg der Verklärung eine hohe Priorität. Doch dann ging es immer wieder ins Tal hinab, in die Stadt, wo er den Menschen diente, Gott verkündigte und heilte.

In Matthäus 14 wird ab Vers 13 berichtet, wie Jesus sich in die Stille zurückziehen wollte. Doch dann sah er, dass die Leute ihm folgten, und sie berührten sein Herz. Und so stellte er sein Anliegen hintan und diente den Menschen. Er heilte, predigte und speiste sogar 5000. Doch danach schickte er sie alle wieder fort und ging seinem ursprünglichen Anliegen nach, in die Stille zu gehen. Jesus lebte einen ständigen Wechsel von Selbstfürsorge und Stille einerseits und Hingabe und Dienst andererseits. Das dürfen wir von ihm lernen.

Wie aber werden wir für andere zum Segen? Dazu möchte ich eine kleine Übung vorstellen:

IMPULS

Durch welche Menschen bin ich in meinem bisherigen Leben gesegnet worden? Wer wurde mir zu einem großen Segen? Welche drei oder fünf oder zehn oder mehr Menschen sind das gewesen?

Nimm dir etwas Zeit und schreibe ihre Namen auf.
Und dann überlege:
Welcher Segen ist durch eben diese Menschen in mein Leben getreten?
Notiere dir Stichpunkte.
Welche Entwicklungsschritte habe ich (damals) aufgrund dieses Segens gehen können?
Was löst das Sinnen über diese Zusammenhänge jetzt in meinem Herzen aus? Kann es sein, dass ich darüber staune und ein Gefühl spüre, das wir Dankbarkeit nennen?

Als ich mir soeben selbst nochmals Zeit und Muße nahm, um meine Segens-Leute zu identifizieren, habe ich sehr gestaunt. Am meisten verblüffte es mich zu sehen, dass mir diese Menschen einfach so über den Weg gelaufen sind und dies nicht das Ergebnis meiner Planung, Visionsbildung oder sonstiger Eigeninitiative war. Nein, sie sind mir »von oben« geschenkt worden. Irgendwann kam es zu einer Begegnung, die Gott segnete.

Und dann waren es eben diese Menschen, die mir uneigennützig Zeit und Aufmerksamkeit schenkten. Ich wurde gesegnet, weil sie die Bereitschaft in sich trugen, ein Segen für andere zu sein und in einer Haltung der Hingabe an Gott und an andere lebten. Sie vertrauten darauf, selbst ebenfalls von Gott gesehen und versorgt zu werden.

Wir alle sind von Gott so geschaffen, dass wir tiefe Freude empfinden, wenn wir erleben, dass unser Sein und Tun einen Unterschied im Leben eines Menschen macht, und wenn wir spüren, dass Gott durch uns hindurch andere aufrichtet, ermutigt und sie wachsen lässt.

Vielleicht ist es dir in der Übung eben wie mir ergangen und du staunst und spürst tiefe Dankbarkeit in deinem Herzen. Ja, das ist dir geschenkt worden. Und so vertraue darauf, dass auch du ein eben solcher Mensch bist und immer mehr wirst, durch den andere gesegnet werden. Auch du bist eine Inspiration und Ermutigung für andere. Du bist unvollkommen wertvoll und Gott wird durch deine Stärken, Fähigkeiten und Schwächen hindurch Segen verbreiten.

IMPULS

- An welcher Stelle lebe ich über meine und die Kapazitäten meiner Familie hinaus?
- Wofür setze ich mich ein, ohne direkt einen persönlichen Mehrwert davon zu haben?
- Welche Not berührt mein Herz?
- Bei welchem Dienst und welcher Hilfe für andere hüpft mein Herz vor Freude, einfach weil dabei meine Liebe von innen nach außen fließen darf?
- Welche Gaben hat Gott mir anvertraut und an welcher Stelle könnte ich diese Gaben zum Wohle anderer einsetzen?
- Wenn ich jetzt innehalte: Welche Sehnsucht spüre ich im Blick darauf, ein Segen für andere zu sein, jetzt, in diesem Augenblick?

Sei unbekümmert du selbst, begrenzt und lebendig. Gestehe dir auch im Dienst zu, Fehler zu machen. Wir sind nicht von Jesus berufen, fehlerlos zu sein, sondern uns tapfer und froh einzusetzen. Hab dabei auch acht auf dich selbst. So schrieb Jean Vanier:

Um ein gutes Werkzeug der Liebe Gottes zu sein und zu bleiben, sollte man es vermeiden, gespannt, erschöpft, ausgebrannt, aggressiv, zerstreut oder gar verschlossen zu sein. Wir müssen ausgeruht, eins mit uns selbst und zufrieden und uns der Bedürfnisse unseres Körpers, unseres Herzens und unseres Geistes bewusst werden. Jesus sagt, es gibt keine größere Liebe, als sein Leben hinzugeben für die Freunde. Aber geben wir ihnen kein abgespanntes, erschöpftes und aggressives Leben, bieten wir ihnen lieber ein Leben voller Freude![86]

NACHKLANG

Mein liebster Jünger in den Evangelien ist Petrus. Immer und immer wieder lande ich bei ihm, weil ich mich in ihm so wiederfinde. Wie er will ich manchmal die Größte sein, habe ein vorlautes Mundwerk und überschätze mich. Und dann ist mein Herz auch wieder schnell verzagt, wie Petrus' Herz es war. Ich spüre wie er eine tiefe Liebe zu Jesus und ich fühle mich unmittelbar von Jesus durchschaut und angesprochen, wenn er Petrus seelsorgerlich begleitet.

Petrus durchlief die Prozesse, von denen in diesem Buch die Rede war. Wie wird er in die Nachfolge gerufen? In der Begegnung mit Jesus erkennt er seine Gebrochenheit und das Böse seines Herzens und sagt: »Herr, geh fort von mir! Ich bin ein sündiger Mensch« (Lukas 5,8; NGÜ). Beim Nachsinnen über diesen Text schrieb ich einmal voller Staunen in mein Tagebuch: »Der Ort meiner tiefsten Kapitulation wird der Ort meiner Berufung.«

Vor der Kreuzigung erhalten wir erneut einen Einblick, dass Petrus die Tiefen seines Eisbergs, die Abgründe seines Herzens nicht kennt. Diese seelsorgerliche Begebenheit zwischen Petrus und Jesus ist so bedeutsam, dass alle vier Evangelisten sie in ihre Berichte mit aufgenommen haben. Jesus nimmt Petrus zur Seite und sagt ihm, dass er vom Satan geschüttelt werden wird, dass aber er, Jesus, für ihn gebetet habe, dass sein Glaube daran nicht zerbreche und dass er dereinst seine Brüder sogar stärken werde. Doch Petrus kann diesen Zuspruch Jesu nicht annehmen. Wozu? Voller Überschwang antwortet er: »Herr, ich bin bereit, mit dir ins Gefängnis und in den Tod zu gehen« (Lukas 22,33; NGÜ). Er sieht sich als Glaubensheld.

Doch Jesus konfrontiert ihn mit der Wirklichkeit seines Lebens: »Der Hahn wird heute nicht krähen, ehe du dreimal geleugnet hast, dass du mich kennst« (Vers 34; NGÜ).

Und dann wird Jesus gefangen genommen und es kommt tatsächlich dazu, dass Petrus Jesus dreimal verleugnet und der Hahn kräht. »Da wandte sich der Herr um und blickte Petrus an. Petrus erinnerte sich daran, wie der Herr zu ihm gesagt hatte: Bevor der Hahn heute Nacht kräht, wirst du mich dreimal verleugnen. Und so ging er hinaus und weinte in bitterer Verzweiflung« (Lukas 22,61-62; NGÜ).

Nach der Auferstehung ist Petrus mit seinen Freunden wieder in Galiläa beim Fischen (Johannes 21). Wie damals zunächst erfolglos. Doch auf die Anweisung eines Fremden hin machen sie einen großen Fang. Petrus hört, dass es Jesus ist, und er stürzt sich ins Wasser, um so schnell wie möglich bei ihm zu sein. Es ist die Liebe zu Jesus, die ihn so zieht.

Und dann steht er da, so stelle ich es mir vor, tropfnass am Ufer und weiß nicht weiter. Er schaut Jesus an und Jesus mag ihn angeschaut haben. Die anderen kommen mit den vielen Fischen und Jesus versorgt sie mit einem warmen, gekochten Essen. Schließlich wendet sich Jesus seinem geliebten Petrus zu. Er weiß, dass er ihm helfen muss, seine innere Not aufgrund der Verleugnung loszulassen und seine ungetrübte Beziehung zu ihm wiederherzustellen. Und wieder ist der Ort der Kapitulation der Ort der Berufung in die Beziehung zu Jesus und die Nachfolge.

Wir lesen später in der Apostelgeschichte von vielen großartigen Dingen, die Petrus mit Gott erlebte, und von der wichtigen Rolle, die er in der frühen Gemeinde spielte. Ich bin mir sicher, dass vieles davon ohne diese Begegnung am Ufer nicht so passiert wäre. Nur dadurch, dass Petrus seine eigene Fehlbarkeit und Gebrochenheit erkannte und mithilfe von Jesus anzunehmen lernte, wurde er dazu befreit, seine Berufung als Apostel segensvoll auszuleben.

Auch in unserem Leben wird der Fokus nicht zu allen Zeiten auf der Auseinandersetzung mit unserer eigenen Unvollkommenheit liegen. Wann immer wir – wieder ein Stück mehr – gelernt haben, uns selbst mit allem, was zu uns gehört, anzunehmen, befreit uns das – wieder ein Stück mehr – dazu, unseren Fokus auf andere Dinge zu legen und Jesus mit ganzem Herzen nachzufolgen und zu dienen.

Und wenn uns dann wieder einmal altbekannte oder neu entdeckte Abgründe und Unfreiheiten unseres eigenen Herzens bewusst werden, stellen wir uns dem und gehen damit zu Jesus. Auch Petrus ist nach seiner Begegnung am Ufer nicht plötzlich der dauerhaft Oberheilige. Kaum ist diese besondere Seelsorge-Einheit mit Jesus beendet, vergleicht er sich schon wieder mit einem anderen Jünger (Johannes 21,21). Egozentrik: Sie war nicht auf Dauer weg, so wie sie bei mir nicht weg ist.

Immer und immer wieder habe ich es deshalb wie Petrus nötig, zu Jesus zurückzukehren und von ihm erneut zu hören »Birgit, folge mir nach! Sei mit mir beisammen. Lass uns gemeinsam durchs Leben gehen, von Moment zu Moment. Lebe aus mir heraus. Finde dich in mir und lass alles andere los, damit dein Joch sanft und leicht und dein Leben von der Freude durchdrungen ist. Ja, ich werde dich, wie Petrus, Wege führen, die in deinen Planungen nicht vorkamen. Doch vertraue mir. Ich werde es gut machen, weil ich gut bin und dich von Herzen liebe.«

ANMERKUNGEN

1 Zitiert nach einer persönlichen Begegnung Richard Rohrs mit Henri Nouwen in: »Daily Meditation« vom 08. 04. 2020. https://cac.org/lesson-three-your-life-is-hidden-with-christ-2020-04-08/(letzter Zugriff 20. 06. 2020).

2 Peter Zimmerling, Evangelische Mystik, Vandenhoeck & Ruprecht 2015, S. 13.

3 Da es in diesem Buch um sehr persönliche Anliegen geht, verwende ich die Du-Form. Oft können wir uns beim »Du« tiefer auf ein Thema einlassen als mit der Sie-Form.

4 »Die geistliche Stimme (Gottes) ist die Wirkung, die sie in der Seele hat, genau wie eine körperlich wahrnehmbare Stimme dem Ohr ihren Klang einprägt und dem Geist das Verstehen.« – Johannes vom Kreuz, All mein Tun ist nur noch Lieben – Der geistliche Gesang, Herder Verlag 2019, S. 217.

5 Jean Vanier, In Gemeinschaft leben – Meine Erfahrungen, SCM R.Brockhaus 2006, S. 67.

6 Jean Vanier, In Gemeinschaft leben, S. 199.

7 Wir können zeitgleich »gemischte Gefühle« haben. So kann ich bei einem bevorstehenden Umzug ängstlich sein und mich gleichzeitig auf den Neuanfang freuen. Dabei sind unterschiedliche Hirnareale aktiv. Bei positiven Affekten spielt der *Nucleus accumbens*, das sogenannte Belohnungssystem, eine Rolle, bei negativen Affekten die *Amygdala*, das sogenannte Bestrafungssystem.

8 Wie jedes Bild spiegelt es nicht eins zu eins die Wirklichkeit wider, sondern ist ein begrenzter Versuch, eine vielschichtige Wahrheit begreifbar zu machen.

9 Auf das Modell des Eisbergs werde ich im Verlauf des Buches immer wieder hinweisen (auf Seite 59 findest du dazu eine Skizze), weil es hilft, Sachverhalte zu verdeutlichen.

10 Martin Schleske, Herztöne – Lauschen auf den Klang des Lebens, adeo-Verlag 2016, Seite 36.

11 Jesus wandte sich jedoch den Pharisäern zu, die in einer Haltung der Demut Jesus suchend begegneten, wie z. B. Nikodemus in Johannes 3.

12 Siehe z. B. »Die Selbstoffenbarung in Jesus Christus« in: Wilfried Härle, Dogmatik, De Gruyter 2012, S. 309 ff.

13 Übersetzt nach Patrick Hart/Jonathan Montaldo (Hrsg.), The Intimate Merton – His Life from his Journals, Harper One 1999, S. 41.

14 Peter Köster, SJ, Geistliche Begleitung – Eine Orientierung für die Praxis, Eos Verlag 2009, S. 91.
15 Übersetzt nach Richard Rohrs »Daily Meditation« vom 19. 07. 2016.
16 Franz Jalics, Kontemplative Exerzitien – Eine Einführung in die kontemplative Lebenshaltung und in das Jesusgebet, echter Verlag 2014, S. 179.
17 Peter Köster, SJ, Geistliche Begleitung, S. 95.
18 Peter Köster, SJ, Lebensorientierung am Johannes-Evangelium – Eine geistliche Auslegung auf fachexegetischer Grundlage, Eos Verlag 2013, S. 122.
19 Zitiert in Richard Rohrs »Daily Meditation« vom 14. 05. 2017.
20 In Anlehnung an Richard Rohr, Pure Präsenz – Sehen lernen wie die Mystiker, Claudius Verlag 2019, S. 200.
21 Christiane von Boehn, Neukirchener Bibel, Die Evangelien, übersetzt und erklärt, Neukirchener Verlag 2019, S. 390.
22 M. Scott Peck, Der wunderbare Weg – Eine neue spirituelle Psychologie, Goldmann Verlag 2006, S. 22.
23 Wilfried Härle, Dogmatik, S. 486.
24 Søren Kierkegaard, Der Begriff Angst, Gütersloher Verlagshaus 1995, S. 55.
25 Wilfried Härle, Dogmatik, S. 486.
26 Zitiert in: Alois Prinz, Teresa von Ávila – Die Biographie, Insel Verlag 2015, S. 16.
27 Brené Brown, Die Gaben der Unvollkommenheit – Leben aus vollem Herzen, Kamphausen Media GmbH 2018, S. 11–12.
28 Brené Brown, Verletzlichkeit macht stark, Goldmann Verlag 2017, S. 20 und 24.
29 Anselm Grün, Der Himmel beginnt in Dir – Das Wissen der Wüstenväter für heute, Herder 2006, S. 99 (Evagrius Pontikos: Die antirrhetische Methode).
30 In Anlehnung an: Peter Köster, SJ, Geistliche Begleitung, S. 99.
31 In »Verwandelt – Werden wie Gott mich gedacht hat« (SCM R.Brockhaus 2016) habe ich in Kapitel 2 die Grundgedanken zum wahren und falschen Selbst ausführlich beschrieben.
32 Dietrich Bonhoeffer, Gemeinsames Leben – Wie Christen miteinander leben können, Brunnen Verlag 1977, S. 14.
33 Johannes vom Kreuz, All mein Tun ist nur noch Lieben, S. 119.
34 Zum Beispiel in Jesaja 41,10.14; Lukas 2,10; Matthäus 28,5.
35 An diesem Beispiel wird deutlich, was von uns wie ein Weizenkorn sterben soll: nicht unser wahres Selbst, sondern unsere Egozentrik. Unsere eigenen »Heilungsversuche«.

36 In diesem Heilungsprozess spielt auch das Thema Vergebung eine große Rolle. Sowohl Vergebung zu gewähren als auch um Vergebung zu bitten.

37 Das Labyrinth war schon im 4. Jahrhundert in christlichen Kirchen ein altes Symbol für den Lebensweg des Menschen. Es lädt zur Einkehr ein sowie dazu, das eigene Leben mit allen Irrungen und Wirrungen vor Gott zu bedenken und zur Mitte, zu Christus, unterwegs zu sein.

38 Zitiert in (und übersetzt nach) Richard Rohrs »Daily Meditation« vom 16.11.2015.

39 Übersetzt nach Richard Rohrs »Daily Meditation« vom 26.10.2018.

40 Übersetzt nach Richard Rohrs »Daily Meditation« »A Universal Addiction« vom 08.12.2019.

41 Uli Eggers, Aufatmen 4/2018, S. 92.

42 Bernhard von Clairvaux, Rückkehr zu Gott – Die mystischen Schriften, Patmos Verlag 2006, S. 106.

43 »Das Wort (das Luther mit Gemüt übersetzt: griechisch: ›dianoia‹) bezeichnet bei Luther nicht nur das Gefühl, sondern umfasst Verstand, Vernunft, Gesinnung, Willen, Verlangen und Streben.« Aus den Sach- und Worterklärungen in: Die Bibel – Nach der Übersetzung Martin Luthers, mit Wortkonkordanz, Deutsche Bibelgesellschaft 2000, S. 315.

44 Aus der Einführung von Ulrich Dobhan OCD und Reinhard Körner OCD zu: Johannes vom Kreuz, Die dunkle Nacht, Herder Verlag 2013, S. 13.

45 Wilfried Härle, Warum Gott? Für Menschen, die mehr wissen wollen, Theologie für die Gemeinde, Evangelische Verlagsgesellschaft Leipzig 2013, S. 153.

46 »Wahre dir in allen Dingen die Freiheit des Geistes. Schiele in nichts auf Menschenrücksicht, sondern halte deinen Geist innerlich so frei, dass du auch stets das Gegenteil tun könntest. Lass dich von keinem Hindernis abhalten, diese Geistesfreiheit zu hüten. Sie gib niemals auf.« Willi Lambert, Aus Liebe zur Wirklichkeit – Grundworte ignatianischer Spiritualität, topos taschenbücher 2012, S. 59.

47 Siehe »Verwandelt« ab S. 131. Ich schaue auf den jeweiligen Tag zurück und identifiziere, wann ich mich lebendig, im Trost, bzw. leblos, in der Trostlosigkeit, erlebt habe.

48 Mit diesem Beispiel möchte ich nicht sagen, dass wir immer zurückstehen müssen. Für manche von uns ist es der Schritt ins Leben, sich mutig zu eigenen Bedürfnissen zu stellen, auch wenn Menschen um uns herum andere Erwartungen an uns haben bzw. wir dies zumindest annehmen. Es könnte also auch richtig sein, sich mit Wonne noch etwas Erdbeermarmelade zu nehmen. So führt Gott uns im Großen und Kleinen immer verschieden, je nachdem.

49 Peter Köster, SJ, Geistliche Begleitung, S. 47.
50 Diesen Gedanken habe ich zum ersten Mal von Ellen Kubitza, der Begründerin des spirituellen Körperlernens, gehört.
51 Eine solche Herzensklärung ist auch in allen anderen Lebensbezügen wichtig. Sonst muss viel Kraft für die inneren Auseinandersetzungen aufgewandt werden. Es ist, als würden wir ständig gleichzeitig auf das Gaspedal und die Bremse treten oder gleichzeitig nach Norden und nach Süden laufen wollen. Wir werden vom Ziehen und Zerren erschöpft und bleiben doch auf der Stelle stehen.
52 Reinhard Körner, Wenn der Mensch Gott sucht … Glaubensorientierung an der Berg-Karmel-Skizze des heiligen Johannes vom Kreuz, Benno Verlag 2012, S. 45/46.
53 Das hier vorgestellte Körpergebet ist aus mehreren Körpergebeten, die mir in einem Stille-Haus begegneten, zusammengefügt worden.
54 Das Wort »Leib« meint in der geistlichen Literatur den von Gott beseelten Körper.
55 Teresa von Ávila in: Das Buch meines Lebens, Herder Spektrum 2013, S. 156.
56 Johannes vom Kreuz, Ulrich Dobhan OCD, Elisabeth Peeters OCD, All mein Tun ist nur noch Lieben, der geistliche Gesang, Herder Verlag 2019, S. 32.
57 Martin Schleske, Herztöne – Lauschen auf den Klang des Lebens, adeo Verlag 2016, Seite 162, 161.
58 Willi Lambert, Aus Liebe zur Wirklichkeit, S. 27.
59 A. a. O., S. 11.
60 Bernhard von Clairvaux, Rückkehr zu Gott, S. 78.
61 In Anlehnung an Reinhard Körner, Wenn der Mensch Gott sucht, S. 44–45.
62 Zitiert in: Jörg Zink, Dornen können Rosen tragen – Mystik, die Zukunft des Christentums, Kreuz Verlag 1997, S. 108.
63 Das Herzens- oder Jesusgebet ist Zentrum meiner geistlichen Übungen. In »Verwandelt« habe ich es ausführlich beschrieben.
64 So mancher Pfarrer und so manche Gemeindeleiterin könnten dies mit Sorge lesen. Doch meine Beobachtung ist es, dass lebendig gewordene Menschen, die die Freiheit hatten, eine Sabbatzeit zu nehmen, sich wieder mit mehr Frische und Freude in die Gemeinde einbringen. Ich selbst bin ein Fan davon, dass jede und jeder in einer Gemeinschaft im gesunden Maß und den eigenen Kräften und der eigenen Situation gemäß mit anpackt.
65 In Anlehnung an: Christiane von Boehn, Neukirchener Bibel, S. 395.

66 Nur geübte und wache Zuhörer bemerken die Mimik und Stimmlage im sogenannten »Sekundenfenster«, das heißt im Verlauf der ersten Sekunde des Mitteilens, in der man sich unwillkürlich authentisch zeigt, bevor eine bewusste Einflussnahme auf den eigenen Ausdruck möglich ist. Es lohnt sich deshalb immer, bei einem Gegenüber genau hinzuschauen und hinzuhören, um mitzubekommen, wie es dem anderen wirklich ergeht.

67 Katja Thimm, »Alltagsstrategien gegen Stress und Burn-out – So kommen Sie aus der Ehrgeiz-Falle« in: Spiegel Nr. 2 vom 04. 01. 2020, S. 96.

68 Niklaus Kuster, Franz und Klara von Assisi – Eine Doppelbiografie, Grünewald Verlag 2011, S. 103.

69 Aus Friedrich Nietzsche, Also sprach Zarathustra (Band 1).

70 Bernhard von Clairvaux, Rückkehr zu Gott, S. 42.

71 A. a. O., S. 43.

72 Martin Schleske, Herztöne, S. 169.

73 Übersetzt nach Richard Rohrs »Daily Meditation« vom 22. 12. 2015.

74 Jean Vanier, In Gemeinschaft leben, S. 65.

75 Paul Schütz, Warum ich noch ein Christ bin, Brendow Verlag 1990, S. 79.

76 Dabei sind manche Vorstellungen und Anweisungen der Wüstenväter bis heute aktuell, während andere uns mittlerweile befremden und als Ausdruck der damaligen Zeit zu verstehen sind.

77 Literatur zur Vertiefung: Anselm Grün, Geistliche Begleitung bei den Wüstenvätern, Münsterschwarzacher Kleinschriften, Band 67, 2006.

78 Willi Lambert, Aus Liebe zur Wirklichkeit, S. 27.

79 A. a. O., S. 63.

80 J. V. Rodríguez, Florecillas de San Juan de la Cruz – La hondura de lo humano, Ediciones Paulinas 1990, S. 78.

81 Man findet Listen von Leuten, die eine Fortbildung in geistlicher Begleitung absolviert haben, im Internet.

82 Diese Punkte sind inspiriert durch Gedanken von Ajith Fernando, Jesus Driven Ministry, Crossway Books 2007, S. 47/48.

83 Henri J. M. Nouwen, Nimm sein Bild in dein Herz – Geistliche Deutung eines Gemäldes von Rembrandt, Herder Verlag 2016, S. 53.

84 Übersetzt nach Patrick Hart und Jonathan Montaldo (Hrsg.), The Intimate Merton, S. 108.

85 In »Verwandelt« findest du Hinweise, wie du eine solche Stille Zeit gestalten kannst.

86 Jean Vanier, In Gemeinschaft leben, S. 70.

DANK

Mein Dank geht an Lehrer und Lehrerinnen, von denen ich in Ausbildungen, Kursen und Einkehrzeiten viel gelernt habe.

Danke, Wolfgang, für dein Anfeuern und Ermutigen im Schreibeprozess.

Danke, Silke, dass du mich als Lektorin ein weiteres Mal so kompetent unterstützt hast.

Danke, Esther, für deine weise und klare Hilfe.

Meiner geistlichen Begleiterin danke ich für ihre wertvolle Begleitung.

Für alle Unterstützung bin ich euch und Gott sehr dankbar.

Birgit Schilling
VERWANDELT
WERDEN, WIE GOTT MICH GEDACHT HAT
AUFATMEN
SCM